体系制胜

企业创新赢利机制解决方案

● 周如祥 著

图书在版编目（CIP）数据

体系制胜：企业创新赢利机制解决方案/周如祥著．—广州：华南理工大学出版社，2018.10
ISBN 978-7-5623-5788-9

Ⅰ.①体… Ⅱ.①周… Ⅲ.①企业利润－创新管理－研究 Ⅳ.①F275.4

中国版本图书馆 CIP 数据核字（2018）第 225552 号

体系制胜：企业创新赢利机制解决方案
周如祥 著

出 版 人：	卢家明
出版发行：	华南理工大学出版社
	（广州五山华南理工大学 17 号楼，邮编 510640）
	http://www.scutpress.com.cn E-mail: scutc13@scut.edu.cn
	营销部电话：020-87113487 87111048（传真）
责任编辑：	黄冰莹
印 刷 者：	广州市新怡印务有限公司
开 本：	787mm×960mm 1/16 印张：16.25 插页：2 字数：288 千
版 次：	2018 年 10 月第 1 版 2018 年 10 月第 1 次印刷
定 价：	68.00 元

版权所有　盗版必究　　印装差错　负责调换

序

《体系制胜》这本书推出的时间很合时宜。在外部经济环境面临挑战和不确定性因素日趋增多的大背景下，企业更需要从内部管控上进行大的改革。

在这个消费者主权时代，企业首先要有客户思维，知道如何为客户创造价值，当然经营层面的问题是最重要的，但是为了保障能够执行到位、员工能有积极性，那么激活个体及组织的机制就很重要了。诚如周如祥老师所言，企业所有的改变都必须从人和机制开始。如果企业的体系化建设没有做好，就很难把团队的潜力充分挖掘出来，也就无法实现业绩的腾飞和持续的发展。

基于此，周如祥老师在《体系制胜》一书中，详细阐述了如何通过组织架构、文化驱动、激励机制、薪酬体系、利益驱动、事业驱动六个模块重构企业赢利驱动模式。大到企业使命、愿景、发展目标，小到员工月、周、日的绩效，这六大板块相互推动，旨在帮助企业解决不同层面的问题。

周如祥老师深耕母婴行业三十年，对于行业企业有着自己独到的洞察和思考，所以这本书从实践中来，到实践中去，将理论与丰富的案例及实操工具相结合，极具落地性，值得业内企业阅读并践行。

思者行远，变者常新，让我们大家共勉。

乐友创始人兼 CEO 胡超

前　言

　　入行三十年来，我培训、辅导过上百家企业，走过数千家门店，接触过企业和门店存在的形形色色的问题。总结下来，诸多常见问题背后的本质在于，企业没有建立完善的赢利机制解决方案，没有从根本上解决老板如何分钱的问题以及员工为谁而干的问题。

　　曾经，一家企业在我们服务的三年内，年利润从50万元倍增至5000万元，增长达100倍，我们也曾在短短两三个月时间内帮助一批企业快速改善业绩。这些企业绩效改进、业绩提升的关键在于老板思维的转变。之所以说是体系制胜，也是因为企业所有的改变都必须从人和机制开始，这是老板必备的思维。

　　这套体系源于我和团队多年的积累和沉淀，其中的很多工具和方法经反复验证优化，在实践中行之有效，备受赞誉。我们希望通过这个体系，为企业开启一扇创新之门，让企业上下形成统一思维，从而统一方法、统一行动，为企业打造一套实用高效的赢利机制解决方案。自始至终，我们的理念都是通过打造体系，向企业提供一整套创新、快效、实用、先进、落地的系统解决方案。

　　也许有人会说，解决企业发展问题没有捷径，只能摸着石头过河，似乎这就是中国国情。但我坚信：有比摸着石头过河更有效、更稳妥、更省钱的做法，那就是借力腾飞。

　　未来，让我们携手并进，共创荣光！

周如祥

目 录

第1章 大定向 ... 1
1.1 体系制胜源起 ... 2
1.1.1 母婴企业经营的三大痛点 ... 2
1.1.2 体系制胜的由来 ... 5
1.1.3 体系制胜对企业的现实意义 ... 5
1.2 体系制胜的精髓及模块 ... 8
1.2.1 体系制胜的五大精髓 ... 8
1.2.2 体系制胜的六大模块 ... 10

第2章 建组织 ... 13
2.1 企业搭建组织架构的重要意义 ... 14
2.2 影响组织架构搭建的若干要素 ... 15
2.2.1 企业愿景 ... 15
2.2.2 企业目标 ... 16
2.2.3 企业文化 ... 18
2.3 如何搭建合适的组织架构 ... 18
2.3.1 企业组织架构的建立流程 ... 19
2.3.2 组织架构搭建模型 ... 20
2.3.3 组织优化搭建希望工程，给员工未来梦 ... 22

第3章 积分管理 ... 25
3.1 传统员工价值评估法的缺陷 ... 26
3.2 什么是积分管理 ... 27
3.3 积分管理的五大要素 ... 28
3.4 积分管理的核心理念及独特价值 ... 32
3.4.1 积分管理的核心理念 ... 32
3.4.2 积分管理的重要思维 ... 33
3.4.3 积分管理模式的独特价值 ... 33
3.4.4 积分模式的五项构成 ... 33

3.5 积分标准设计 ·· 34
3.5.1 积分设计两大技巧 ·· 34
3.5.2 积分标准设计操作注意事项 ································ 35
3.6 积分设计及导入 ·· 36
3.6.1 如何设计A分 ·· 37
3.6.2 如何设计B分 ·· 38
3.6.3 如何设计C分 ·· 39
3.6.4 D分抽奖与奖券设计 ······································ 41
3.6.5 积分操作流程要点 ·· 41
3.6.6 积分导入路径 ·· 42

第4章 全绩效 ·· 43
4.1 为什么要进行绩效变革 ·· 44
4.1.1 老板最头疼的分钱难题 ···································· 44
4.1.2 薪酬激励模式的新趋势 ···································· 44
4.2 关于全绩效 ·· 45
4.2.1 如何突破传统薪酬 ·· 45
4.2.2 全绩效思维源起 ·· 47
4.2.3 什么是全绩效 ·· 48
4.2.4 全绩效与KPI的区别 ······································ 50
4.2.5 全绩效的六个原则 ·· 51
4.2.6 全绩效的独特价值 ·· 52
4.3 如何设计与提取全绩效 ·· 53
4.3.1 平衡记分卡的四个评价维度 ································ 53
4.3.2 全绩效薪酬设计的原则和核心 ······························ 54
4.3.3 全绩效设计操作步骤 ······································ 56
4.4 区间工资 ·· 58
4.4.1 全绩效薪酬模型——区间工资 ······························ 58
4.4.2 区间工资案例剖析 ·· 60
4.5 全绩效导入 ·· 62
4.5.1 选择全绩效导入的最佳时机 ································ 62
4.5.2 全绩效导入的方式 ·· 62

  4.5.3 全绩效导入步骤 ·· 62

第 5 章　动力源

5.1 为什么会有动力源 ·· 66
  5.1.1 员工的思维盲点 ·· 66
  5.1.2 动力源思维源起 ·· 66
5.2 动力源思维的概念及价值 ·· 67
  5.2.1 什么是动力源 ·· 67
  5.2.2 动力源的独特价值 ·· 68
5.3 动力源模式设计步骤 ·· 68

第 6 章　驱动股

6.1 如何突破股权分配困局 ·· 72
  6.1.1 一个案例引发的思考 ·· 72
  6.1.2 企业可以给员工什么 ·· 73
6.2 驱动股及其独特优势 ·· 74
  6.2.1 什么是驱动股 ·· 74
  6.2.2 驱动股的独特优势 ·· 75
6.3 驱动股的设计操作 ·· 77
  6.3.1 驱动股激励模式（一） ······································ 77
  6.3.2 驱动股激励模式（二） ······································ 79

第 7 章　合伙人

7.1 人本为王：圈子经济时代来临 ···································· 83
  7.1.1 圈子经济时代来临 ·· 83
  7.1.2 老板的价值链思维 ·· 84
7.2 内部合伙人 ·· 88
  7.2.1 几则小故事的启发 ·· 88
  7.2.2 什么是合伙人 ·· 90
  7.2.3 合伙人与股东的区别 ·· 92
  7.2.4 合伙人模式的价值 ·· 93
  7.2.5 合伙人模式的设计 ·· 94

7.2.6 合伙人机制（虚拟受限股）案例 …………………………… 104
7.3 外部合伙人 ………………………………………………………… 105
7.4 合伙人模式案例分享 ……………………………………………… 107
7.5 合伙人模式与体系制胜其他模块的关系 ………………………… 109

附录 ………………………………………………………………………… 111

参考文献 …………………………………………………………………… 249

第 1 章

大 定 向

市场环境持续恶化、竞争对手不断崛起、客户需求瞬息万变、员工追求丰富多样，导致企业发展内外交困、危机重重。要想彻底解决困惑，突破重围，企业必须逐步建立系统的赢利机制。

1.1 体系制胜源起

1.1.1 母婴企业经营的三大痛点

近年来,母婴行业被外界誉为朝阳产业,这块巨大的市场蛋糕赢得了前所未有的广泛关注,获得了飞跃式的发展。然而,市场环境的变化、行业竞争的加剧、消费者需求的多元化和个性化,还有政策的影响,在为母婴企业带来巨大发展机遇的同时,也使得企业面临空前的挑战,对企业内部的经营管理机制提出了更高的要求。在与国内母婴企业老板们的交流中我们发现,目前企业普遍存在以下痛点:

痛点一:成本高企,人效低下

人工成本高、税费负担重、店面租金贵、开发新客户成本高……在宏观经济整体增速放缓的今天,国内母婴企业面临着巨大的成本压力。在内外交困下,不少企业步履维艰。减员增效,提高人均效能俨然已成为企业进一步发展的必然选择。反观国内母婴企业的整体人效表现,同样不甚乐观,不少企业不仅没有人效意识,且缺少规划以及相应策略,仍是采用"人海战术"。

我们在咨询中就曾遇到以下案例:

某企业计划大力拓展区域市场,老板的想法是前期每月投入50万元,在100个城市派驻100个业务代表,每人薪水5000元,他问我们这样是否可行。我们给出的解决方案是选择国内10个城市做重点突破,只招10个人,5万元请1个人,这和用5000元请1个人的差别在哪里?在实际情景中,聘用100个人的人效通常会非常低,反之,和5万元薪水相匹配的人可能直接见到合作方最高负责人,沟通和谈判的效率会高很多,管理成本也会低很多。后来,这个老板听从建议,用5万元/位请到10位专业顾问,这些专业顾问去到实体店不谈业务,而是直指店面存在的问题,并给予解决方案,为门店提供增值的服务,最后谈业务合作自然水到渠成。

从案例可以看出,做企业最贵的是人,最便宜的也是人,人效浪费是普遍存在的。人员不在于数量多少,而在于产出效率有多高。对于企业来说,人效可以理解为有效产出除以人数,即人效=有效产出/人数。它不仅仅是衡量企业人力资源体系的要素，更是衡量企业运营能力和资源配置效率的重要指标，应是未来企业着重提升的重点。

其实，人效问题归根结底是薪酬激励体系的问题，好的薪酬激励体系可让企业告别人海战术，走向高效路线，不仅能降低企业运营成本，而且能够提高员工的士气和满意度，实现双赢的局面。此外，企业文化对于企业的人效也有重要的影响，那些提倡提高绩效文化，注重竞争和优胜劣汰的企业往往在人均效能上表现也更加突出。

企业的人效如何，每个岗位是否做到了人尽其责，这些问题值得每个老板思考。此外，除了人工、铺租、采购等显性成本，企业还有很多隐性成本可能是我们看不到的，比如人员流失成本、信用成本、文化成本等等，如果能对成本进行有效管控，省下不必要的，就能创造更大的经济价值，如果省下来的钱是利润，就有可能转化为团队的收入。

痛点二：高薪未必能留人，留下人未必留下心

在咨询中，常有老板问：为什么我们开出的薪酬高于行业平均水平，但还是留不住人才？因为现在的职场里个人的需求非常多样化，每个员工都有自己的想法，员工对自我价值的实现也有不同的认知，在企业里做得开不开心也可能成为一种考量，员工或者想要薪酬更高，或者除了薪酬之外还有其他需求。然而，很多企业现行的薪酬激励机制却存在诸多问题，比如激励方式千人一面，不能根据员工个体实际情况科学激励；或者激励手段过于简单，忽视了多种激励方式的有机结合，等等；此外，不少企业无法及时根据市场环境的变化适时调整本就僵化的激励机制，造成激励效果大打折扣，人才的热情和主动性丧失，最终导致其选择跳槽。

不少老板抱怨员工做事动力不足，热情不高，推一下才动一下，为什么员工做事的热情不够？为什么员工不像以前一样动力十足？为什么员工不会主动积极、自发自愿地做事情？因为，企业没有从根本上解决员工为谁而干的问题，员工没有把企业当作自己共同的事业，企业没有设计好利益驱动、优胜劣汰的机制。

企业常用的薪酬模式有三种：其一是固定薪资，在零售企业用得会少一些，其二是底薪+提成，其三是年薪和分红制，这三种方式可能很多企业都是搭配使用。这些模式可能会导致什么后果呢？固定薪酬就是吃大锅饭，可能导致干与不干一个样，干多干少一个样；底薪+提成可能导致团

队只看重销售业绩不关注付出的成本，销售业绩达到了，利润未必能实现；年薪制周期太长，大部分人只看到现在，或者企业没有给到未来，或者自己看不到未来，或者即使有未来自己也未必能拿得到，所以不愿意等待。

痛点三：老板与员工，利益趋同难实现

我们常说，在企业经营中，一方面要借力腾飞，另一方面要合力腾飞。如何才有合力，只有企业员工上下拧成一股绳，劲往一处使，所有人都把企业当成自己的事业，形成合力，企业才能走得更高更远。

统一思维要从利益开始，没有利益的统一，就没有思维的趋同。常有老板会提到一个问题——很难和员工达成共识、统一目标，老板想的是利润倍增，员工想的是薪水持续增长，老板想做事业，员工想成就自己的价值。这个问题的本质是没有理清老板和员工的关系，老板和员工究竟是什么关系？是雇佣关系、交易关系、还是合作关系？如果是雇佣关系，就会存在利益矛盾，普遍情况是员工拿薪水，拿多少钱干多少活，但老板会觉得员工积极性不够。如果是交易关系，老板付薪水给员工完成特定的工作，员工为老板创造价值，老板为员工创造的价值买单，利益是趋同的。如果是合作关系，则以共同的利益为前提，以实现互利共赢为目标。在企业经营中，如果老板不能正视与员工的关系（图1-1），在薪酬的设定上可能就会出现问题。

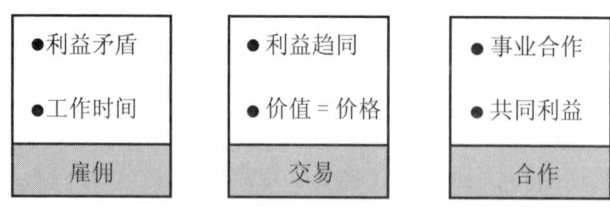

图1-1 老板与员工的三种关系

从本质上讲，老板和员工的利益是趋同的，两者之间并不存在不可调和的矛盾。公司营造的氛围绝对不应是谁在给谁打工，而应是大家在一个平台上合作共赢。但是，没有人会愿意为别人干，每个人都愿意为自己干，所以，这种利益的趋同需要在分配机制上得到合理的体现。

而利益分配的核心——薪酬问题是每个企业最头疼的问题，如何定工资、算工资、涨工资，不少企业每年调来调去，最终乱而难以操作。在实际工作中，员工人人都想涨工资，钱却没有合理分配，或者老板不知道该怎么分。老板如果分多了，员工就会分少，员工如果分多了，老板就会分少，很多时候老板心里会困惑，钱到底该怎么分。如果锅里没有了，碗里也没有；如果碗里也没有了，员工就会去找另外的碗。还有碗与碗之间究竟该如何倾斜？这时老板就会非常痛苦。

1.1.2　体系制胜的由来

前面讲了母婴企业普遍存在的三大痛点，这些问题的根源在于企业没有建立完善的赢利机制解决方案，没有从根本上解决企业如何分钱的问题和员工为谁而干的问题。

之所以说体系制胜，是因为企业所有的改变都必须从人和机制开始，在这个以价值、结果、效果为导向的时代，企业必须确保自己站在趋势之上。体系化建设是决定一个企业能否成功的关键，好的、合适的体系机制可以充分调动员工的工作积极性、主动性、创造性，激发员工的潜能，增强员工对企业的满意度与忠诚度，吸引优秀人才的加入，从而达到提高企业竞争力的目的。如果企业的体系化建设没做好，就很难把团队员工的积极性调动起来，也就无法实现业绩的腾飞。通过体系机制的打造，可以为母婴企业开启一扇创新之门，让大家形成统一思维，从而统一方法、统一行动，为企业打造一套实用高效的赢利机制解决方案。

1.1.3　体系制胜对企业的现实意义

很多企业缺的不是客户而是人才，因为没有人去维护客户、开发客户、为客户提供更好的服务。企业最大的问题不是招不到人而是留不住人，影响企业利润的不是员工工资越来越高，而是企业的管理成本、人效成本太高。究其原因，是这些企业的人效薪酬没有实现高度统一，这里讲到的人指人才、潜能和团队，效指绩效、人效和价值，薪指薪酬、福利和激励机制，这些构成了企业发展的驱动力，如果三者关系没有合理设置，企业就会增长乏力，发展难以为继。

企业创造更高的价值需要内驱力和外驱力，是否能够实现内外兼驱就决定了企业的核心竞争力，其中，目标驱动靠团队的力量，利益驱动靠全绩效和动力源，文化驱动靠积分式管理，事业驱动要靠合伙人机制和驱动股，全绩效、动力源、积分式、驱动股、合伙人构成了一个完整的体系（图1-2）。这样的体系机制，在设计上着眼于两大问题：利益分配问题和

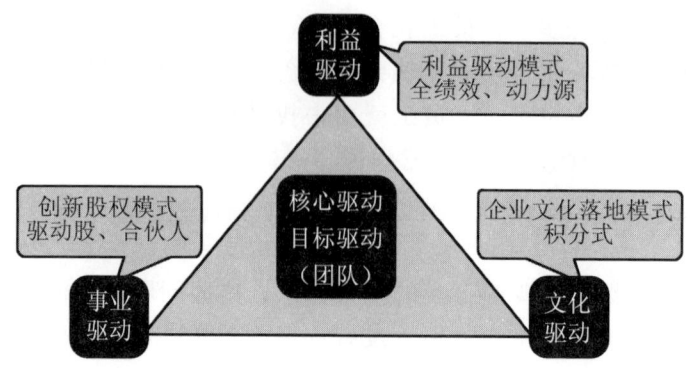

图1-2 内外兼驱驱动模型

企业文化问题。利益分配中聚焦于个人和团队当前的价值和未来的价值，从源头解决个人利益和共同利益的问题。无论规模大小，凡是企业都有文化。企业文化像一只无形的手，可以推动员工自觉地按照企业的规定去做事，企业如果没有文化就不会有凝聚力。企业文化的形成需要两个方面，一方面是通过全绩效打造的绩效文化，另一方面是通过积分管理打造的快乐文化，如果一个人在一个企业里工作不开心不快乐，无论拿多少钱都迟早会离开。

因此，体系制胜本质上就是帮助企业妥善解决最迫切的两大问题：一是分钱问题，二是员工为谁而干的问题。

第一，分钱问题。

"分"就是通过积分管理打造快乐的文化，"钱"就是用全绩效打造的绩效文化，因此第一个问题就是"分钱"的问题。在很多企业可能都会存在这种情况，有的员工贡献的价值很高，但是收入不高，有的员工贡献的价值很小，但是收入却不低，这时很多人就会觉得不平衡。企业最难的就是解决分钱的问题，怎么分、分多少、什么时间分、分配比例如何设定等，都是体系制胜的重点。

第二，员工为谁而干的问题。

员工到底是为企业干、为老板干，还是为自己干，如果为老板干，效果会如何？如果是为自己干，效果又会如何？解决员工为谁而干的问题要用利益驱动和事业驱动，前者包括全绩效和动力源，后者包括驱动股和合伙人。不但要把蛋糕做大，同时还要把蛋糕分好。以前都是以切蛋糕的方式来分，现在一方面要把蛋糕做大，另一方面要用创新的形式分好蛋糕。企业做大做强了，利益的分配更要到位。体系制胜系统解决方案如图 1-3 所示。

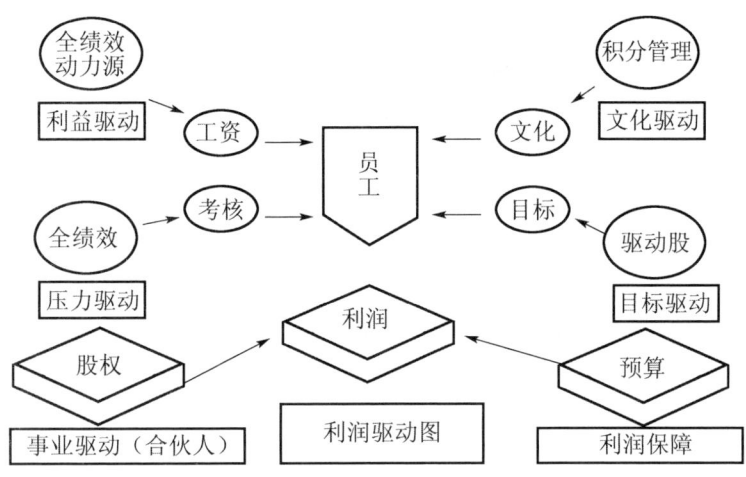

图 1-3　体系制胜系统解决方案

以加薪为例，如何主动给员工加薪、持续加薪，却又不因此增加企业成本？按照全绩效和动力源思维，如果员工做得比过去好，或者公司对该岗位有新的要求，岗位新增了价值点，或者员工愿意做更多的事情，能做出超出标准的结果，或者员工能做到直接支持公司业绩增长的价值，或者员工的价值贡献超越了现在的薪酬，那么就能实现自动、持续地加薪。这样既让员工觉得是为自己而干，又为企业贡献了新的价值。

具体而言，体系制胜能够为企业以下问题提供解决方案：

①如何搭班子、建团队？
②如何打造快乐的积分绩效文化？
③如何驱动员工关注价值、为结果负责？
④如何实现企业高效成长、竞争力提升？
⑤如何实现企业自行运转？
⑥如何让员工百分之百达成预设目标？
⑦如何让员工为自己而做？
⑧如何真正实现员工与企业共赢、共同发展？

1.2 体系制胜的精髓及模块

1.2.1 体系制胜的五大精髓

作为助力企业快速提升绩效、优化人效、增加利润的创新模式解决方案，体系制胜的根本目标是引导企业通过组织架构搭建、企业文化建设、利益分配重塑、股权驱动、合伙人模式重建价值管理思维，大幅提升人效、实现销售与利润倍增。该体系的精髓如下：

精髓之一：薪酬

核心：老板不能只懂发钱，更要用创新机制去分钱。

薪酬牵涉到企业每位员工的切身利益，薪酬管理是人力资源管理中最敏感的部分。同时，薪酬是员工在公司工作能力和水平的直接体现，员工往往通过薪酬水平来衡量自己在公司中的地位。所以薪酬问题对每一位员工来说也是很敏感的。当公司的盈利状况达到一定水平，老板需要将更多的注意力放在如何通过合理的薪酬制度留住员工。很多时候，老板会计较薪酬的多少，可能会忽略员工的感受，但对于一名成功的经营者来说，钱分得越多，积累的财富才会越多，然而，关于如何分钱是有很多学问的，这里的"多"不是盲目地提高员工的薪酬，而是通过创新的薪酬机制设计，让员工满意和服气，激励员工为企业创造更多的价值。

精髓之二：价值

核心：轻视以能力、经验、资历为中心的隐性价值，注重以结果、效果为核心的显性价值。

人才资源是企业发展最重要的资源，企业要兴旺、要发展，拥有适用的人才是关键。引进、培养、使用人才，都是为了使人才成为企业的财富和不可替代的资源。通常，在引进时会评估人才既往的学历、经验、资历、能力等隐性的指标，但在用人过程中需更看重员工的工作成果，从某种程度上可以说，以结果和效果为导向的业绩是衡量员工价值的唯一标准。有结果才会有价值，产生价值是做事的本质，否则都是无效的。所以，我们强调以价值、结果、效果为导向设置利益分配机制，唯有如此才能留住人才，吸引更多人才。

精髓之三：股权

核心：股权不是用来送的，而必须是买的或奖的。

股权激励是企业为了激励和留住核心人才而推行的一种长期激励机制。通过有条件地给予员工部分股东权益，作为激励使其与企业结成利益共同体，参与企业决策、共同承担风险，分享企业成功带来的丰厚利润，从而实现企业的长期健康发展与价值持续增长。股权激励的首要目的是稳定人心，原则上让员工能买一定要买，实在不能买可以借。如果轻易将股权赠与员工，短期内可能会获得感激，时间长了就没效果了，股权对应有债务，员工自己的钱没有放进去，债务与他也就没有关系。所以，建议股权最好让员工购买而不要轻易赠送。股权激励最大的魅力在于这种给予是有条件的，在制订股权激励计划时一定要把目光放长远。

精髓之四：绩效

核心：激励做不好，谁来做绩效。

无论什么样的企业要发展都离不开员工的创造性和积极性。如果激励做不好，没有人会作出绩效。每个员工在为企业作出贡献的同时，都希望自己的工作得到企业认可，他们不仅关心收入的绝对值，还关注收入的相对值。企业如果不建立相应的激励机制，员工即使正常的工资、奖金都能拿到手，但如果不能让贡献大、业绩多者得到更多的回报，必然会挫伤他们的积极性。

对于企业薪酬绩效，要注意的是：核算的是KPI（Key Performance Indicator，简称KPI）的数据，但考量的一定是KPI以外的东西。我们都知道KPI是关键业务指标，除去这些指标，员工还有很多其他价值，比如老板可能会盯着销售数据、利润指标，却忽视员工的培训提升、学习成长。如果员工没有学习成长，工作能力可能就无法逐步提高，创造的业绩就不高，但员工的培训参与程度和学习能力用KPI是无法考核的。其他诸如团队协作、跨部门沟通能力等也是无法考核，但在工作中却是同样重要的。

因此，企业首先要重视对员工的激励，其次要根据实际情况，综合运用多种绩效激励机制，把激励方式和目的结合起来，改变思维模式，真正建立起适合企业、员工需要的激励体系。我们主张,有效的激励机制关乎企业发展的全局,关乎企业发展的可持续性和长期的稳定性,是企业很重要的一项战略工作,应该自上而下关注并推进。

精髓之五:目标

核心:目标看起来是源自公司战略、大目标分解,其实应该是员工参与设定的。

传统的目标设定过程是由企业的最高管理者完成的,我们鼓励让员工参与企业目标的设定。一方面,让员工参与到目标制订的过程中,能够制订出更适合他们的目标。另一方面,让员工参与到制订目标的过程中,能够激发员工的使命感,让他们以最饱满的热情去实现目标。

日本经营大师稻盛和夫曾说:"当一个员工回答'好的,我知道了',那他能达成30%的目标。当员工回答'我会尽力的',他能达成50%的目标。当员工说'这是我的事业,我一定全力以赴',他能达成90%的目标。"只有得到员工认同、参与的绩效目标,最后才能促进、努力达成,共享效益成果。在目标设定时,员工参与的程度越深,对目标的认同程度就会越高,利益分配就越合理、越透明、越公平,员工的积极性就会越高。

1.2.2 体系制胜的六大模块

基于此,体系制胜围绕组织架构、激励机制、利益驱动、事业驱动、文化驱动、薪酬体系展开。如图1-4所示。

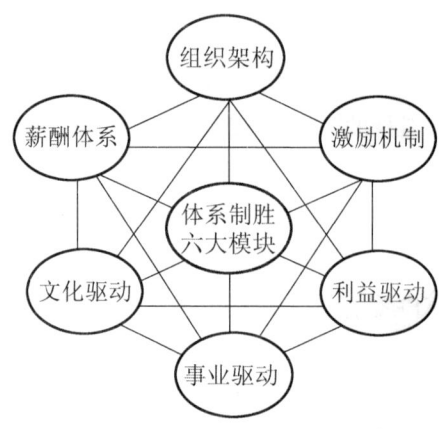

图1-4 体系制胜六大模块

1. 组织架构

企业的愿景使命、战略目标、发展规划都必须通过组织、团队去实现，且这种实现必须是有序的、高效的，要实现这种高效有序，就必须建立适合企业当前发展需要的组织架构。该模块从合理组织架构对企业健康发展的重要性入手，讲述不同经营规模的企业如何进行适合自身发展的组织架构的搭建，如何设定企业愿景、企业文化与目标方向等。

2. 全绩效

管理是一门科学，更是一种艺术，有效的绩效模型可以对外提升产值、对内挖掘价值，实现员工工资增加、企业利润增长。该模块主要阐述价值是绩效之本，员工主要收入来源于价值衡量和结果导向。告诉企业如何以产值化、价值化为方向，将薪酬与绩效融合，全面提升员工主动性与积极性，终结刚性薪酬模式，进而全面解决企业的利益分配问题、员工激励与共赢驱动问题，快速改善企业绩效。

3. 动力源

全绩效模块是适用于中高层管理者、业务人员的绩效模型，动力源则是适用于二线基础岗位、操作人员的绩效模型，它是基于个人产值与价值的激励性薪酬模型。该模块着力于动力源模式的具体设计，告诉企业如何结合自身岗位实际设计相应的动力源模式。

4. 积分式

积分式是用积分来衡量员工岗位价值、考核综合表现，将之与各种物质待遇、福利挂钩，从而达到充分调动员工积极性目的的管理模式，对于建立积极正向的企业文化大有裨益。同时，它也是全面衡量员工表现与贡献的公认标尺，可形成新的长短效评价及分配机制。作为一套全新的管理方法，它完全打破了传统的管理思维模式，一切以人为本，积分不等于钱，但比钱更有意义，它是非物质的激励模型。该模块告诉企业如何进行积分式设计，如何通过积分管理模式跨越精神、荣誉、物质三个层面的优势，建立欣赏、快乐、积极的绩效文化。

5. 驱动股

驱动股区别于传统的股权化变革，是一套特别适合中小企业的独特的股权模式，用于激励更多的员工投入公司发展，能从根本上解决员工为谁而做的问题。它基于蛋糕圈原理，与目标达成、超价值成果有关，可以让各种目标有效达成双向驱动。该模块详细阐述剩余价值和超价值分享，并结合案例讲述企业如何进行驱动股设计操作，如何将企业盈利目标转化为员工的奋斗目标。

6. 合伙人

如何留住优秀员工？如何更好地激励他们与企业共同发展？关键在于要从注重对这些员工的短期激励转向重视长期激励。合伙人机制作为一种灵活的长期激励机制，能够发挥人力资本的最大价值。企业通过合伙人机制可以凝聚志同道合的内外部事业合作伙伴，形成高效的资金、团队、运营模式，最大程度整合资源，激发团队员工的潜力，使公司整体结构趋于稳定。但是，不同类型和发展阶段的企业，在采用合伙人机制时目标、对象、模式、资金来源等都各有特点。那么，什么才是最合适的合伙人模式？如何通过应用员工的能量、智慧，经营员工的激情、活力，最终实现经营企业共同的事业？本模块将会有解决方案。

体系制胜作为一套创新赢利机制的解决方案，通过利益分配和企业文化的设计，从源头解决企业的分钱问题和员工为谁而干的问题，重构企业的赢利驱动模式，助力企业实现利润倍增、基业长青。

第 2 章

建 组 织

　　每个老板要想成就一番事业,都要找到一群敢于并乐意一直陪着一起前进的人。组织架构的设计应依企业规模而异,并在一定时期内保持相对的稳定性。

2.1 企业搭建组织架构的重要意义

企业需要一套结合愿景、理念、目标、文化、共同利益的机制，使整个团队成为一个休戚与共的组织。如果不能同心同德就无法齐心协力，不能齐心协力就无法创造好的业绩。在组织架构搭建上，大企业有大困惑，小企业有小困惑。

曾经有这样一个案例：

几年前，某企业年营业额约8000万元，有三个副总。通常，如此规模的企业，最多只设置三个部门，老板是总监，下设三个部门经理，但这个公司各部门的最高职位却是副总。老板认为这三个副总虽然表现平平，但加入公司都有几年时间，彼此有一定感情。曾经外聘了一个副总，但其遭到排挤而离开了，因为这三个人的薪水加起来还不如这个新来的副总高，这三个人不配合，新人就干不下去。老板后来想到一个方法，新招的人就叫总副总，职位更高，总副总来了以后，得知前任在三个月内被迫离职，想把这三个人"处理掉"，但没成功。这位老板找到我们，在交流中我们发现其中两个副总业务水平和管理能力都很一般，就建议把他们降职调岗，但并未践行，三年后，这家企业经营仍无起色，老板又找到我们，这时三个副总走了两个，但整个公司很松散，氛围和之前已经完全不同了。

此案例告诉我们，匹配企业自身实际情况、良性运转的组织架构是企业发展的有力助推器，否则适得其反。做企业只有把团队搭建起来，每个人都去做自己该做的事情，最后团队加起来由一个手指头变成一个拳头，甚至变成十个拳头，才能把事业做起来。

在顾问实践中，也曾遇到以下情况：某店店长的月薪比经理还高，经理认为老板是故意的，很不开心。试想一下，如果总监的薪水比经理少，总监会开心吗？经理拿的薪水比店长还少，经理会开心吗？如果店员拿的薪水比店长还多，还有人愿意做店长吗？如果没人愿意做店长、经理、总监，谁来领导团队？没人带团队，企业怎么向前发展？所以架构搭建看似简单，其实不简单，组织架构的设置与绩效考核、激励机制相关联，和薪酬分配直接挂钩，对企业来说，如果没有清晰的组织架构，就无法做到合理的绩效考核和利益分配。

通常，企业有四种病态：一是老板身兼数职，一身疲惫；二是生意总想覆盖所有消费人群；三是企业内部亲戚朋友多，派系林立；四是企业缺乏活力，员工参与感不强。其中关键症结就是组织架构搭建不力。杰克·韦尔奇曾说，在他掌管 GE 的 20 年里，公司主要完成了两件大事：一是精简机构，提升人效；二是不断改进奖励制度。可以理解为两层意思，一方面，顺应不断发展的业务需要，企业组织架构会有一个从简到繁的过程，但在不同阶段对岗位的定位会不同，一定时期后就需要对机构进行精简，经历一个由繁到简的过程，机构不是越大越好，而是越精越好。另一方面，奖励制度在一段时间里是有效的，在另一个阶段可能就无效了，不可能一成不变，当一半人认为不合理时，就一定要改变。

综上，企业作为一个特定的组织，拥有一个完善的并且根据需求不断调整更新的目标体系，是其存在和发展的前提，只有根据变化不断调整更新的目标体系，才能把更多的人吸引和稳定在企业之中。但是，企业作为一个特定的组织，如果没有组织架构为其资源、信息的流动提供方向和程序约束，保证目标的达成和达成的有效性，目标也就无法实现。所以，组织架构是企业组织的骨骼，是让企业立起来、有效运行以保证其发展的基础和前提。什么样的组织架构将产生什么样的运作，什么样的运作将产生什么样的效果。企业在体系建设上必须首要解决的问题就是组织架构问题。

2.2 影响组织架构搭建的若干要素

现代管理学认为，企业管理要做到三件事：首先是目标预算，即解决目标设定、费用管控、利润增长问题；其次是绩效管理，即解决利益趋同驱动、公平共赢分配问题；最后是团队训练，即解决个人能力、团队协作、团队建设问题。如果这三个问题都解决了，企业绩效就会好，这三个问题解决不好，企业绩效很难做好。而这三件事做得如何取决于企业所搭建的组织架构合理与否。一般来讲，企业搭建组织架构需要考量的因素有企业愿景、企业目标、企业文化等。

2.1.1 企业愿景

企业愿景是企业发展战略的重要组成部分，是根据企业现阶段经营和管理的需要，对企业未来发展方向的期望、预测和定位。企业愿景能够不断激励着团队奋勇向前，拼搏向上。一个有效的企业愿景不仅能够引起员工情感上的共鸣，而且能让员工追随，遇到困难也不迷失方向，从而形成企业对员工的凝聚力，增强员工对企业的忠诚度。如果企业领导者能够将企业愿景与社会责任结合，树立长远的经营目标，就会赢得员工、伙伴和社会的尊重和认可，形成企业独有的品牌主张，为品牌带来知名度，赢得消费者的持续关注。

一般来讲，企业愿景包含四方面内容：①使整个社会受惠受益，有些企业的愿景就表达出企业的存在就是要为社会创造某种价值；②实现企业的伟大抱负，就是谋求企业的长远发展；③使员工能够敬业乐业；④使客户心满意足。客户满意是最基础的愿景，因为客户是企业成功最重要的因素，如果客户对企业的愿景不能认同，那么愿景也就失去了意义。

愿景可以由企业内部员工参与制订，由团队讨论，获得共识，形成大家愿意全力以赴的未来方向。设定了愿景之后，如何把它渗入日常工作中呢？我们可以对企业愿景做简单、扼要且明确的陈述，让员工具体可感，形成梦想宣言，从而激发工作热情和实现目标的强烈渴望，最终达成愿景目标，这个过程就是愿景管理。这里要注意的是梦想宣言的提炼要朗朗上口，振奋人心，触动内心，让员工马上行动。

思考一下：您企业的愿景是什么？梦想宣言又是什么呢？

2.2.2 企业目标

企业有了愿景就要有目标，目标清晰企业管理就成功了一半，可见目标对企业的经营有多重要。那么，企业的目标是什么呢？企业目标就是创造价值，实现企业所要达到的预期成果。目标反映了企业在一定时期内经营的方向和所要达到的水平，既可以是定性的，也可以是定量的，比如竞争地位、业绩水平、发展速度等等。企业目标就是企业发展的终极方向，是激励企业员工不断前行的动力，没有目标的企业是没有希望的企业。相较于愿景的宏观，目标更具体。企业目标按时间可分为当前目标（1年以内）、短期目标（1～3年）、中期目标（3～5年）、长期目标（5年以上）。

那么，如何设置目标呢？目标设置有三个基本原则：上下同频、上下同欲、上下同心。这里以年度目标为例来展开阐述。比如，一个企业今年营业额是1亿元，那么，明年的目标应该定多少？该以什么方式来设定目标？应该先有目标还是先有策略？在设定目标时如果行业的增长率是20%，那明年就设定企业增长率为20%吗？今年做1亿元的营业额，明年就定下2亿元的营业额，这个目标员工能接受吗？这些都是企业在设定目标时可能会出现的问题。

先有目标后有策略是消极的营运思维，先有策略后定目标是积极的策略思维。以上述企业为例，今年营业额做了1亿元，明年做1.2亿元，高管们会怎么做呢？今年做1亿元，明年老店增长10%，可以做到1.1亿元，然后开5家新店，每家店创造200万元业绩，总计就是1.2亿元，简言之，就是新业务增长加上老业务增长，这就是消极的营运思维。老板的思路可能是这样的，今年做1亿元，明年我们准备开10个店，每个店400平方米，这就是策略在先。能开10个店为什么只开5个店呢？如果策略不在先，目标设置就是空的。如果今年做1亿元，明年就说做2亿元，这样的目标没人能接受，这个不能接受的目标就不是合理的目标。

在我们提供咨询服务的企业里，目标设定的误差率只有2%，而且还是正的。当只有2%时，订货、库存周转、资金都可以控制，企业的运转也更良性。在设定目标时，因实现难度各异，会有不同的层次。

首先看保底目标，什么是保底目标？保底目标就是过去已经实现的目标，基本的工资收入和过去的目标相挂钩，只要达到了上年的业绩水平，收入就和上年持平，如果做得高了，就能多拿，低了就少拿。

合理目标，简单来说，就是大家都能接受的目标，在设置时可以把过去一年中排名前六的月份的销售业绩或利润总和除以6再乘以12，即：合理目标＝上年排名前六的月份的销售业绩或利润总和/6×12，这样的目标配合适当的策略稍微努力一下就能实现。

挑战目标，在目标设定时可以把过去一年中排名前三的月份的销售业绩或利润总和除以3再乘以12，即：挑战目标＝上年排名前三的月份的销售业绩或利润总和/3×12，过去一年中3个月曾经实现过，配合策略，执行到位，就可能会突破。基于这些条件设定的目标是比较科学的，否则就会脱离实际，好高骛远。

目标设置的三条基准线和企业的绩效考核、激励机制、股权机制直接挂钩，但有一点要注意，新业务要另外算，比如新开店、新增的服务项目等。这样算下来，合理目标的年业绩增长在15%～25%的区间，这样和店长讲，是完全可以接受的，区域经理也是可以接受的。一定要记住：月收入跟保底目标相对应，季收入跟合理目标相对应，年收入跟挑战目标相对应。

> ——目标设置的三条基准线——
> 保底目标=基础收入
> 合理目标=绩效收入
> 挑战目标=超额收入

2.2.3 企业文化

企业文化是企业的灵魂，是企业在经营中逐步形成的，为全体员工所认同并遵守的、带有本企业特点的使命、愿景、宗旨、精神、价值观和经营理念，以及这些理念在市场活动、管理制度、员工行为方式与企业对外形象的体现的总和。它看不见，摸不着，但是无处不在，是企业软实力的重要组成部分。优秀的企业文化能够营造良好的企业环境，提高员工的文化素养和道德水准，形成凝聚力、向心力和约束力，使企业资源得到合理的配置，是企业发展不可或缺的精神力量。

从某种层面上说，企业文化就是老板文化，是由老板决定的，老板是什么人，后面就会跟着什么人。它与企业愿景紧密联系，就是要让企业所有人形成良好的行为习惯，久而久之，很多事情在这种推动下可以自然完成，让企业自行运转。

形成并支撑企业文化的是三类具体而实在的原则：一是成文的，如规章制度，是强制性的；二是不成文的行为规范，属约定俗成的，习惯演化成的自然，是自觉自愿的；三是核心价值观，也就是企业的DNA，是企业高层不遗余力提倡和坚持的。在企业文化的建设中，既要确定价值观和核心理念，还必须有能力落实，有制度保证，有标准衡量，有手段提升，有奖惩支持。简言之，就是从制度上建立，体系创造标准；从心态上调整，态度决定一切；从意识上改造，思想决定命运。

2.3 如何搭建合适的组织架构

曾经有企业高管说，"你们能不能直接出一套执行方案给我？"我们说"我们在任何公司都只给方向，没有方案，我们会告诉你方向是怎样的，但方案是要你自己做的。"这就好比我们会告诉你说你需要穿一双鞋，但穿什么样的鞋需要你自己选，比如你穿37码的鞋，这并不适合所有人。同样穿

37码的人也需要试一下，适合自己的才是最好的，适合别人的未必适合你。所有事情自己做出来的肯定跟别人给你的会不一样。企业组织架构的搭建也一样，我们只能提供思路和模板，具体如何搭建，企业需要根据自身情况具体分析。

2.3.1 企业组织架构的建立流程

企业的组织架构服务于企业的战略目标和发展方向，每个企业都有发展规划，每个人也有个人的发展规划。所谓组织架构设计，就是通过对达成企业战略目标而必须完成的工作进行分析、分解，并设置分别承担工作相对独立又相互依存的部门和岗位，进而以此为基础界定组织中各成员之间的关系，以及每个成员的地位和作用。通过组织架构设计，可以对组织资源进行整合和优化，确立企业某一阶段最合理的管理模式，从而实现组织资源价值最大化和组织绩效最大化。如果一个企业的组织架构年年在变，说明该企业的管理是有问题的。只要企业每年都在改架构，每年都新增很多岗位、头衔，架构在不断地拆分，这个公司的管理一定存在漏洞。

很多企业流程不畅，执行力不高，最大的问题就是企业的一级流程不畅，即组织架构里流程规划有问题。所谓执行力，也就是企业的各层级员工，把企业高层决策形成的目标，分析、分解转换成具体、可操作的措施计划，然后付诸行动。企业组织的高层决策，能不能及时有效地贯彻落实，不仅仅是一个员工有没有能力的问题，更重要的是有没有机会让人充分发挥能力，并使各部门能够互相协调形成合力。而这些都得通过企业组织架构的作用来保障。好的决策，必须有强有力的组织架构予以支持，才能贯彻实施。

一般情况下，一个企业未来三到五年的发展方向和企业的商业模式决定了未来目标的设置，也决定了企业的架构。如果架构设置不合理，未来发展目标的实现可能就会不顺畅。我们讲架构，首先每个企业都会有一张组织架构图或者组织架构表，组织架构究竟用什么样的方式搭建才是最合理的呢？每个企业都有一个发展过程，规模不一样，架构也不一样，如何设置组织的编制呢？另外，组织架构里每个岗位负责哪部分的工作，通常会有岗位说明书，很多公司写完岗位说明书就束之高阁了。企业在发展的过程中会不断变化，围绕这些变化岗位职责也会发生变化，每变一次就要写一次岗位说明书，这样效率太低，其实没有实际意义。

我们更重视的是岗位说明书和工作清单，岗位说明书说明岗位的职责，工作清单是说明这个岗位要做的事，光有职位没人做事是没用的。每个工作岗位需要做哪些事项需要有工作清单，总经理要有总经理的工作清单，每年做什么，每季做什么，每月做什么，要有规划，总监级不用规划到年，至少要规划到季，经理级至少要规划到月，主管级至少规划到周，员工要具体到每一天。所以说要做岗位分析，就是分析这个岗位的工作量、工作事项，这些事项里的具体工作是什么？工作清单明确后岗位价值也会清晰，后续的薪酬和绩效考核才会有依据。

综上，在架构搭建中，确定了组织架构，才能确定每个岗位，确定了每个岗位，才能确定岗位的工作清单，最后生成一个清晰的组织架构表，也就是企业的一级流程。

2.3.2 组织架构搭建模型

一个企业里面，怎样的组织架构才是合理和匹配的呢？不同规模的企业，需求是不一样的。对小企业来说是战术决定架构，大中型企业是战略决定架构。另外，需要格外注意的是，责、权、利不明是企业走向慢性自杀的普遍因素。很多企业有这样的情况，总经理做经理的事情，经理做员工的事情，员工考虑企业未来发展战略的事情，这样的企业会走上不归路。

下面来看一个案例：

某母婴连锁企业，创立后10年内的发展一直很好，业绩增长很快，但到2013年遇到了瓶颈，业绩不仅没有增长，利润还在减少，甚至还亏了大约150万元，老板很焦虑。我们到该公司后，首先要的是该企业组织架构图，看完后就明白问题所在了，当时公司年营业额6000万元，设有10个部门，也就是说即使每个部门一个人也需要有10个人，一个年营业额才6000万元的企业的老板要管理10个部门。根据分析，它需要精简到三个部门，这时很多职能需要合并，主管、经理的岗位会减少。

接着，我们发现老板也有问题，在跟员工沟通时，核心团队有几个人说，年后他们就不干了，为什么不干了？因为觉得老板有很多问题。通常情况下，企业在一帆风顺往上走时大家收入很好，都很开心，当企业遇到挫折开始向下走时，团队士气低落，抱怨就会出现。其中有一个副总说"如果要留住我，除非老板什么也不要管"。我们了解到该副总在公司做得不错，如果走了公司经营会受到很大影响，想要留下他，唯一方法就是要做通老板的思想工作。

于是，我们就找到老板，问她想要什么，她说只要保证企业在次年不亏损就好，我们说可以保证2014年不亏损，但前提是她必须从总经理的位置上下来，之后每个月只能回公司一次，一次只能找一个人，就是这位副总。这位老板本来非常舍不得放手，但没有扭亏为盈的其他方法，就同意了。

后来又和老板谈好了，如果盈利了，超额利润50%归我们咨询公司，10%归团队。接着我们就跟该企业主管开会，告诉他们明年如果在这儿干，完成了自己设定的目标，每人将获得5000元奖励，如果达成了目标，超额利润的60%归他们。然后又问那位副总要不要继续干下去，如果继续干的话盈利的20%是他的，他说行。于是次年企业任命这位副总做了执行总经理，结果企业当年不仅没亏，还赚了200万元，除去工资，他还多拿了40万元。这家企业就这样顺利度过了危机，走上正常发展的道路。

这个案例告诉我们，什么规模的企业需要配备什么样的组织架构，适合经营现状的才是最好的。在此，对不同经营规模及相应组织架构的界定如下：

（1）年营业额≤2000万元的企业，应设置一个部门，最高层级为店经理。

如果企业的经营规模处于这个区间，无论有几家店，老板就不要把自己当成总经理，而是店经理。在企业的组织架构里仅应设置一个部门，一个经理岗，岗位清单里就是要做店面所有的日常管理工作，包括商品管理、营运管理、财务管理等。

（2）2000万元＜年营业额≤5000万元的企业，可设置两个部门，两个部门经理。

如果企业的经营规模处于这个区间，可以设置两个部门。通常，很多公司会把营运和采购放在一个部门，人力资源和财务会放在一起叫综合管理部，这时就会有两个部门经理，统管各自部门的日常事务及业务。无须再设置其他部门，设置多一个部门就会多一个经理，多一个经理就会多一份薪水，企业就会多一份成本。

（3）5000万元＜年营业额≤1亿元的企业，可设置三个部门，最高层级为总监。

如果企业的经营规模处于这个区间，可以设置三个部门，出现总监的岗位，老板就是总监。这时可以把营运和采购分开，但是人力资源和财务还会在一起，所以有营运部、商品部和综合管理部，下设三个部门经理。

（4）1亿元＜年营业额＜5亿元的企业，可设置四个部门，最高层级为总经理。

如果企业的经营规模达到这个区间，可以设置四个部门，分别是人力资源部、财务部、商品部和营运部，下设四个部门经理，老板可以是总经理。

（5）5亿元≤年营业额。

当企业的年营业额达到或超过5亿元的时候，可能会出现5个以上的部门。达到这个规模的企业，商业模式可能会有变化，比如会增加新的业态等，组织架构也会有较大变化，这时会有董事长、总裁出现，下面会设总经理。

企业规模与组织架构大概是这样的界定，这个界定将决定各职位的薪酬待遇，假设一个企业店经理月薪是5000元，经理月薪可能是10 000元，总监可能是20 000元……以此类推，当职位升一级薪水就会上升一个区间。

2.3.3　组织优化搭建希望工程，给员工未来梦

要想留住人才，很重要的一点是要让员工知道，留在这个企业有前途，因此在组织架构搭建的过程中，需要员工做在本企业的职业发展规划，通过组织的不断优化使员工的职业发展目标与企业发展目标一致，让员工共享企业发展的成果。

一方面，企业为员工提供一个不断成长、挖掘个人潜能和实现自我价值的机会，通过潜能评价、辅导、咨询、规划和培训等为员工提供了更大的发展空间，使其发展更有目的性。另一方面，在这个渐进的过程中，企业从能力强且具有高度敬业精神的员工那里得到绩效上的改善，同时，员工从自身能力提高及绩效改善中获得了职场上事业的成就，从而实现员工与企业的共赢。

员工在企业的职业发展规划指的是员工对其在企业中所承担职务的相继历程的预期和计划，这个计划包括员工的学习与成长目标，以及对一项职业和组织的贡献和成就期望。这里可能有几种情况，一是纵向发展，即

员工职务等级由低到高的提升；二是横向发展，员工在同一层级不同职务之间调动；三是向核心方向发展，虽然职务没有晋升，但是却承担了更多的责任，有更多机会参与企业的各项决策。这几种发展都意味着个人发展的机会，也会不同程度满足员工的发展需求，因此在做职业生涯规划之前，需要了解员工适合往什么方向发展。通常，母婴零售企业员工的职业发展规划如图2-1所示。

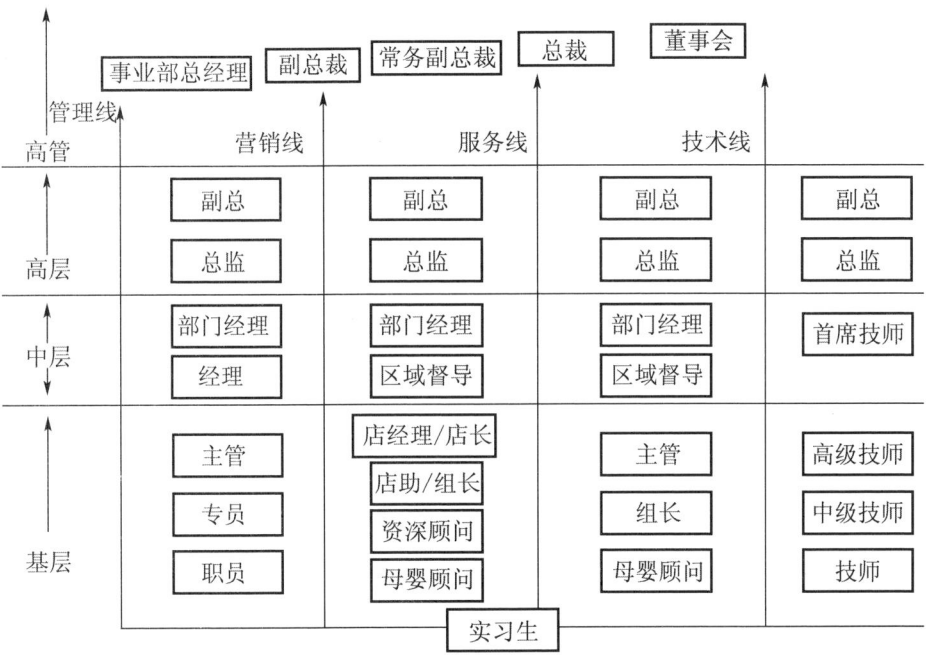

图2-1 母婴零售企业员工的职业发展规划图

当外部环境发生变化或者企业经营环境发生变化时，就要重新制定战略或调整战略，相应的组织结构亦须随之进行调整，以适应和支撑新的战略发展要求。需要注意的是，无论出于何种目的优化组织结构设计，都需要对企业组织目前存在的问题进行调研和分析，在设计时考虑并加以解决，同时新的组织应是能够让核心管理流程运行顺畅且高效的，这样通过全盘考虑整体规划设计，新的组织结构将充满生机并很好地适应企业的发展要求，为企业战略目标的实现保驾护航。母婴零售企业组织架构优化如图2-2所示。

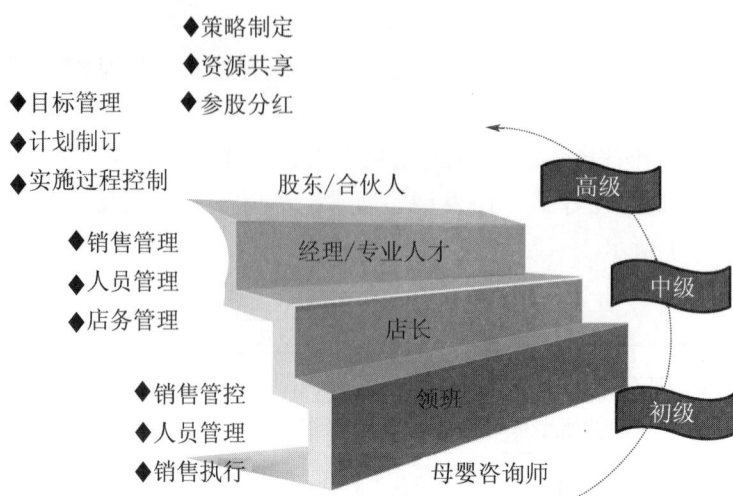

图 2-2 母婴零售企业组织架构优化参考

第 3 章

积分管理

积分管理的核心是认可员工的表现,即时激励员工的行为,真正体现出奖励的差异化、动态化、即时化,从而建立全面衡量员工价值的公认标尺,重塑福利、奖励的分配机制。

3.1　传统员工价值评估法的缺陷

新时代的员工真正需要什么？是管理、监控、评价还是激励？如果是管理，从本性来讲，没人愿意被动给人管，都是愿意为自己做事，而不是为别人做事，如果管理者还在用过去的方法管理现在的员工，只能把员工管跑。员工需要监控吗？每天按时打考勤上下班就是爱岗敬业吗？在移动互联时代，随时随地办公成为一种可能，如果老板老是认为员工的自觉性有限，需要严格监控，否则工作效率极低，这样的企业迟早会废掉。

曾有一项调研显示，上司对下属需求的优先级别排序依次为：高收入、工作保障、升迁机会、良好的工作条件、工作有趣、上司的信任、灵活的纪律、被人欣赏、理解下属、归属感等，然而，员工对自己需求的优先级别排序依次为：被人欣赏、归属感、理解下属、工作保障、高收入、工作有趣、升迁机会、上司的信任、良好的工作条件、灵活的纪律等。由此可见，员工真正需要的是被认可和激励，也就是除了薪资之外，还有很多东西是员工非常看重的。如果企业想找到并且留住人才，必须为员工提供他们真正需要的东西。

从马斯洛需求层次论来看，员工首先需要满足低层次的生理、安全需求，就是满足对物质利益方面的基础需求，然后是高层次的尊重和自我实现需求，即满足精神方面的需求，包括个人能力、工作业绩得到企业的认可，能够发挥自身潜能、实现个人成长与发展等。如果企业能够满足员工的要求，让他们在工作岗位中充分展现自己的价值，员工就会沉浸在工作中，并感受到工作带来的快乐，并且会用更高的工作效率作为回报，为企业创造更大的价值。

从本质上讲，员工的价值与企业的价值其实是一种相互影响、相互制约的关系，当员工通过努力为企业创造了效益，公司的实力便会壮大，与此同时，员工可以从中获得心理和物质的双重奖励及满足感，无形中提升了自身的价值。企业人力资源管理的根本任务是实现企业价值和个人价值的最大化。企业价值最大化需要员工全力创造价值，这就涉及企业应如何对员工创造的价值或价值创造的条件进行科学合理的评价。对于企业来说，只有解决好价值创造、价值评价、价值分配这一条价值链的连接和平衡，才能构筑员工的动力机制。但是，由于员工的价值评价要对企业和员工负责，要维护和平衡双方的利益，评价的标准比较难定义，衡量起来也比较困难，企业做起来往往流于形式。

传统的员工价值评估方法仅仅从一个或几个角度对各级员工进行考评，往往导致评估不够全面甚至是不够公平，在一定程度上失去了价值评估原有的意义。常用的360度价值评估法分别从自评、直接上级、其他部门上级、下级、同事和外部客户对员工进行多层次、多维度的评价，可以综合不同评价者的意见，得出一个相对全面、公正的评价。然而，这种评估方法也存在操作成本高、主观性较强、标准不能统一、短期目标性太强、激励方式单一、员工认同度不高等问题。

3.2 什么是积分管理

积分管理就是对员工的综合表现、核心价值、团队贡献用奖分、扣分进行量化管理，并用软件记录，永久使用，将员工成长与企业发展紧密联系在一起，在提高员工工作乐趣的同时，使企业对员工的评价标准化、精确化、客观化。可以帮助企业全方位调动员工的主动性、创造性，全面衡量员工的胜任力与贡献度，建立积极、正面、快乐的绩效文化。

与传统的评估员工价值的评分制相比，积分管理优势很明显。首先，积分管理的积分是可以累积的，员工可以直观了解自己的成长，并在成长过程中得到直接的认可。其次，积分以员工的价值创造为导向，充分体现个人的价值，让不优秀的员工变得优秀，让优秀的员工更优秀，使得员工与老板成为真正的利益共同体，人人都把企业当做自己的事业来经营。另外，积分强调工作标准和行为发生时的即时表现，按照工作标准对员工的即时行为表现用奖励分或者扣减分进行量化考核。积分管理的最终目标是让所有员工养成好的习惯，在好的习惯中工作，促成企业经营达到事半功倍的效果。员工价值评估的评分式与积分式的比较如表3-1所示。

表3-1 员工价值评估的评分式与积分式的比较

评分式	积分式
采用回顾式	采用累积式
以评估人的意志为导向	以员工的创造为导向
强调评估标准	强调工作标准
是定期的综合评价	是行为发生时的即时体现

从某种层面说，管理就像是一场游戏，游戏参与者不只老板、高管，还有所有员工，为了让游戏更好玩，吸引更多员工参与进来，就要设计有趣、有价值的游戏规则。积分管理看似一套管理模式，如果设计得当，它更像一场好玩的游戏，可以让员工感受工作中的无限乐趣。

前面讲过企业文化是企业的灵魂，一个企业要想快速发展并立于不败之地，关键一点就是要能够成功地创造具有自身特色的企业文化。积分管理是企业打造快乐文化的重要推手，它以公正、公开、公平为原则，通过记录员工在企业中各类积极向上的努力和表现，为岗位调整、晋升、评选先进、各类荣誉、福利待遇等奖励措施提供重要依据，让每个员工快乐做事，充满激情高效地去完成任务。

在企业推行积分制，可以使企业文化从约束、惩罚文化向奖励、正激励文化发展，在物质激励之外，提升员工的个人荣誉感、让其精神愉悦，从而愿意在企业长期做下去，另外，为管理者适当授权，让企业快速高效地实现精细化管理。

3.3 积分管理的五大要素

从积分管理的定义上看，它包含了对员工综合表现、核心价值、团队贡献等方面的量化考核及实施，这些维度在积分中的呈现就构成了积分管理的要素。总体来说，积分管理由 A 基础分、B 价值分、C 福利分、D 奖券、E 快乐大会五个要素构成，这五个要素构成了积分管理的完整体系。

A 基础分

➢ 又称岗位分，是员工的胜任力评判标准，可以作为晋升的依据。

➢ 在操作上 A 分每月转换为 B 分，超出或低于基础分的分值，双倍转为 C 分。

说明： 员工岗位相同则基础分分值相同，岗位不同则分值不同。基础分可以转换到价值分，比如基础分是 80 分，这个月员工得到了 100 分，超出的 20 分就可以双倍转到 C 福利分中去，就是 40 分。因为价值超出了，所以就会有这种转换。在具体使用中，比如春节，公司一般都会发年货做福利，有了福利分员工可以兑换年货，也就是说员工可以通过努力多得些积分挣年货，获得福利的荣誉感会增强。

B 价值分

> 又称公共分，即时分、累计分，是个人能力、贡献价值的表现，持续累计、永不清零。

> 在操作上每月根据分值进行排名，可与 C 分或 D 分同时使用（称为奖分项：BC 分或 BD 分）。

说明：员工加入公司时间越长价值分越高，分值越高，在公司价值越大，转为合伙人、股东时所持有的股份份数就越高。每月进行排名必有高低，既可以分奖券，又可以有分值。B、C 是价值分和福利分，B、D 是价值分和奖券。

C 福利分

> 又称抵扣分、消费分。

> 在操作上，节日福利、快乐大会奖品、日常福利、培训旅游基金、重大福利等可用此分兑换。

说明：消费分是要消化的，兑换后就扣分，不能与 D 分进行组合使用。

D 奖券

> 用于月度、季度、年终抽奖，奖励优秀、分外、特别之事，强化给予员工的精神、物质激励。

> 不同奖券的用途不同，在奖券过多时，可用 10 张普通券兑换 1 张银券，10 张银券兑换 1 张金券。

说明：在操作中，奖券的种类不同，使用方式不同。比如，可以设置普通券参与季度抽奖，银券参与季度和年度抽奖，金券参与年度抽奖；或者普通券参与三等奖以下的抽奖，银券参与抽二等奖，金券参与抽一等奖等。

E 快乐大会

快乐大会就是让企业尽可能多的员工参与进来，前期策划、现场执行、环节设置等都由员工自行完成，由员工自编自导自演，让大家真正放松、向快乐出发。

快乐大会能增进员工之间的沟通和交流，增强员工之间的团队协作，创造企业内积极向上的文化氛围，提升员工士气。

对各要素的具体阐述如下：

积分要素一：A 分

A 分即基础分、岗位分、相对固定分。
- 其定位是衡量各岗位员工的核心价值与团体贡献状态；
- 在设计上应选取岗位核心标准，每个岗位都有核心价值所在，不同岗位标准不同；
- 获取方式是每月给基础分，超出岗位标准时则获得更多分值；
- 在运用中，1A = 1B，±1A = ±2C（增加或减少一个 A 分等于增加或减少两个 C 分）；
- 它对企业的价值是评价员工的工作表现，评判员工的胜任力，推动工作高于标准；

对员工的价值在于可以 1∶1 转换为 B 分，价值永久存在，超出基础部分两倍计至 C 分，转化为员工的福利。

积分要素二：B 分

B 分即价值分、公共分、即时分、累积分，或者叫推动分、落地分。
- 其定位是反映员工的整体贡献和价值；
- 在设计上选择公共性的工作标准；
- 获取方式是做到 B 积分标准，临时奖励或者 A 分的 1∶1 转化；
- 在运用中，可根据积分进行排名，或是福利与奖励的预设条件；
- 它对企业的价值是整体评价员工，通过排名激励员工，对于员工的价值在于可以获得排名奖励或累计奖励。

积分要素三：C 分

C 分即福利分、消费分，不与奖券同时奖励，一般在企业里 1 个 C 分可以相当于 0.5～2 元钱。
- 其定位是让员工为自己创造福利和奖励；

- 在设计上选取企业的核心需求标准,企业想要什么就可以设定什么;
- 获取方式是做到 B 积分标准;临时奖励;A 分的 1∶2 转化;
- 在运用中,可用于兑换物质、福利与各种奖励,有条件允许负分减分的形式;
- 它的核心价值在于让积分深入员工的骨髓,塑造公司的福利是大家创造出来的理念,久而久之,形成一种文化氛围。

特别注意:福利兑换是有条件的,在福利项目的设置上,如果很多人都想兑换就可能出现问题,所以在设计时一定要有优先兑换的奖项,内在逻辑上要体现出导向性。

积分要素四:D 分

D 分即积分奖券(可设置普通券、银券、金券,10 张普通奖券可换 1 张银券,10 张银券可换 1 张金券,金券、银券用于年终),不与 C 分同时使用。

- 其定位是用于奖励优秀、特别、分外之事;
- 在设计上应选取优秀之事、特别之事、分外之事,凡做到即可获得奖券;
- 获取方式是奖励 B 分的某条指定标准;
- 它运用于在月、年快乐大会的抽奖;
- 它的价值在于员工通过快乐大会抽奖、获得各种奖品被认可,从而鼓励更多的员工成为优秀员工,这种激励付出与快速行动的方式能够调动企业积极向上的氛围。

积分要素五:E 分

E 分即快乐大会。

- 其定位是集工作总结、表彰、快乐、互动、庆祝、奖励为一体的员工活动;
- 在运用中可以安排在月、季、年度进行;
- 它的价值在于创造快乐的绩效文化,建立有凝聚力的企业生态。

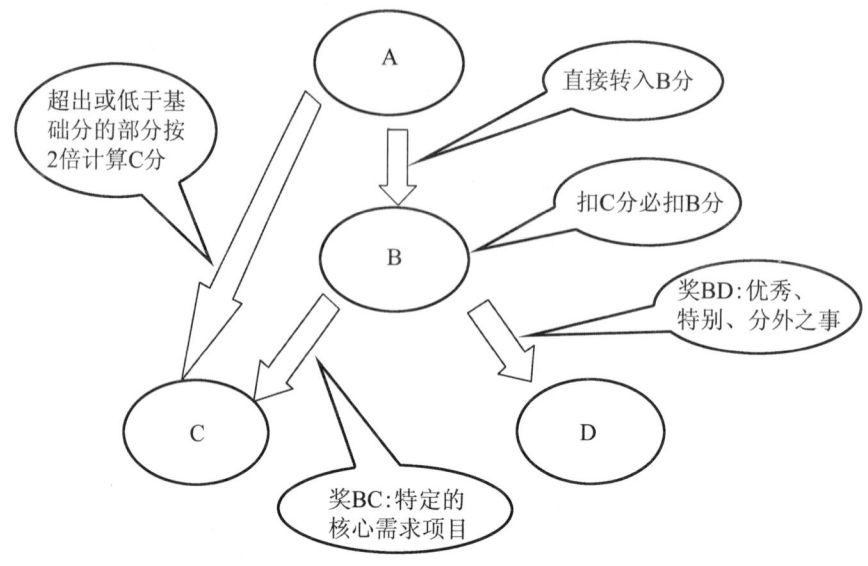

图 3-1　积分要素关系图

简言之，积分各要素之间（图 3-1）的关系如下：A 分超出或低于部分双倍转入 C 分，A 分 1∶1 转入 B 分，扣 C 分必扣 B 分。奖励 B 分时会奖励 D，BD 可同时使用，既能拿到奖券，又可以获得价值分，也可以独立使用。奖励 BC 特定的核心需求项目时，既得 B 分，也得 C 分。

3.4　积分管理的核心理念及独特价值

3.4.1　积分管理的核心理念

积分管理的核心理念包含四个层面，首先从精神层面讲，积分管理不扣钱，但胜似扣钱，不奖钱但效果比钱更好，比如获得奖分、奖券；从荣誉层面讲，对于员工而言，奖金和认可可能都重要，但有时认可可能更有力度，比如获得内部较好的排名、评价等；从物质层面讲，因为积分可以累积，可以获得从小奖到大奖甚至特殊的奖励，比如获得晋升机会等；从福利层面讲，员工可以通过努力获得小福利、大福利甚至未来的福利，比如进行各项抽奖或成立专项基金会等。

3.4.2 积分管理的重要思维

在执行积分管理的过程中,企业需要统一思维。首先,越努力越幸运,越努力的员工越能获得更多奖励,要在推行积分的过程中向员工宣导这种理念;第二,七分激励,三分管理——员工不需要管理,需要的是激励,管理层要善于应用激励方式;第三,要坚持先激励,再衡量。第四,文化强,员工强,利益多,员工拼。第五,做好基础文化,做强绩效文化,做实快乐文化。

3.4.3 积分管理模式的独特价值

相比其他员工价值评估模式,积分管理模式有以下独特价值:

- 用分值量化员工的表现;
- 清晰记录与展现员工的贡献;
- 不直接奖钱,却比钱更有意义;
- 比传统评分方式更客观具体;
- 员工普遍认同不反感,容易导入;
- 创造属于员工的快乐;
- 将欣赏、快乐、奖励、福利融为一体;
- 通过排名公平评出优秀标杆;
- 营建正面积极文化;
- 容易操作永久有效。

对于企业来讲,积分改善了只罚不奖的制度,让员工在被认可中找到归属感,有利于建立正向的企业文化,建立日常精细化管理的模式。对于管理者来讲,积分找到激励和管理员工的好方法,不再是靠威胁和处罚来要求员工,而是奖励和扣罚并存,懂得用工具来管理,用机制来激励员工,让员工愿意主动付出。对于员工来讲,每天的付出都有回报和被认可,找到了每天积极工作的原动力。

3.4.4 积分模式的五项构成

在规划实施中,积分模式有以下五项基本构成:第一项是积分规则;第二项是公共标准;第三项是岗位标准;第四项是激励预算;第五项是操作运行。

3.5 积分标准设计

3.5.1 积分设计两大技巧

在积分设计上有两大技巧，一是积分标准，就是公司想要的，公司现阶段最想要什么、最迫切需要解决什么问题就可以设置什么；二是奖励计划，这是员工想要的，员工达到了或者超过标准就可以获得自己想要的。

具体来讲，在整个积分要素中，A分、B分重在解决公司的问题，提升公司的各项标准。A分是基础分、岗位分，岗位价值体现出来就是公司想要员工做到的，目的是让每个岗位把核心工作都做好，每个员工都关注团队精神；B分是价值分，价值越高，就体现出对公司的贡献越大，可以在操作层面设计多一些标准，促使公司或部门核心的公共工作高效完成。

C福利分、D奖券、E快乐大会都是给到员工的，需要设置成员工想要的。C分让福利变成奖励机制，公司的福利清单要列出员工想要的福利。D奖券让每个员工都有被认可的机会，通常可以采取抽奖的方式，企业也可以找厂家赞助奖品，比如这期的快乐大会以某某品牌冠名、下期以某某某品牌冠名等。排名是让优秀的人更优秀，让落后的人向前冲，E快乐大会是通过C分、D分的排名进行兑现。需要特别注意的是，一个团队做得不够好不代表里面没有优秀的个人，所以要设置累计的团队排名和累计的个人排名，这样一个优秀的团队里会有优秀的个人，一个不够优秀的团队里也有优秀的个人，从而激励更多人变得优秀。

一般情况下，积分应以5分、10分为单位进行设置，员工自己填写奖券并提供证据，填完后交给公司审核人，若有作假，可以扣除10倍积分作罚。此外，员工也可自助申请扣分；

示例：积分设计与团队精神

（1）参加公司外拓活动协助，奖分20分；

（2）完成本职工作外，积极主动协助其他同事工作，奖分10分；

（3）收集竞争对手资料，并给出合理建议者，奖分10分。

示例：积分设计与服务满意度

（1）获得客户点名表扬者，每人每次奖分20分；客户书写意见卡点名批评者，每人每次扣罚30分；

（2）电话回访客户点名表扬者，每人每次奖分10分；电话回访客户点名批评者，每人每次扣罚20分；

（3）微信微博上传公司相关活动现场或大事件，并且有5人以上客户点赞或评论，每人每次奖励5分。

示例：积分设计与5S检查

（1）凡进行5S检查，员工形象方面按公司要求标准着装，每次合格的部门当月每人奖20分，不合格的每人每次扣5分；

（2）环境卫生方面，按公司要求执行的，每次合格的部门当月每人奖分20分，不合格的每人每次扣5分；

（3）纠正后不改，长期不认真的，加倍扣分，最高可每人扣100分。

建立积分标准的技巧如下：

（1）从原有制度中进行转化；

（2）从征求员工意见与建议中进行提取；

（3）从公司的管理要求中建立；

（4）从操作问题中设定要求与标准；

（5）从服务、生产流程等的节点中设立标准。

3.5.2 积分标准设计操作注意事项

设立积分标准有三项基本原则，一是优秀之事，比过去或标准做得更好，或结果与表现名列前茅；二是分外之事，超出既定的工作范围或工作时间；三是特别之事，该项表现值得特别认可。

基于此，在积分设计中有四个关键词，分别是"记""奖""定""评"。"记"即记分，是干了该干的事，比如，当日按时做完日报表加10分、当日完成销售加10分，"奖"即奖分，是把该干的事干得更好，比如，当日成交首单奖10分、当日客单价最高奖10分，奖的都是是否做得更好。"定"，即有明确的标准，不需要主观评价，例如：业绩前三名、最早完成工作任务、当日销售单价排名前三等；"评"是需要再建标准，它没有明确标准，需要主观评价，或者有评价标准，例如：最敬业的员工、最具团体精神奖、进步最大的员工等；我们在操作中要多用"定"，少用"评"，用"评"需要做到公平透明、有监督申诉机制。

这里要特别说明的是，在初始设计时，不要盲目追求细化。不要简单认为标准越细越好，条款越多越好，管控越到位越好（例如：每迟到一分钟扣 2 分、每天销售业绩 5% 转化为积分、每扛一桶水奖 5 分等），必须从现实出发，考虑积分标准的可操作性及操作成本。

表 3-2 积分层级设计标准参考

时间	员工	中层管理者	高层管理者	总经理	分值
天（次）	60%	10%	—		5~10
周	30%	30%	10%	—	10~15
月	10%	60%	30%	10%	15~20
季	—	—	60%	30%	20~30
年	—	—	—	60%	30~50
分	600	600	600	600	

假设岗位的积分标准是一致的，无论决策层、经营层、管理层还是普通员工，总分都是 600 分，但不同时间维度考核的占比不同。以员工为例，天的维度占比 60%，周的维度占比 30%，月的维度占比 10%。具体来讲，也就是说 600×60% = 360 分，除以出勤天数，可以计算出每天的具体分值，即员工每天可以得到多少分值。同样的思路，比如周的分数 = 600×30% = 180 分，如果是 4 周，每周就是 45 分，那么每周内各个事项的具体分值就可以计算出来，月的分数 = 600×10% = 60 分，就是该岗位的重要价值，如果每项的分值在 15~20 分，总共不会超过四项。各层级岗位积分的设计可以参照这样的思路。

3.6 积分设计及导入

任何企业都可以将积分管理分为两个或更多的层次，如管理层（重 A 分）和操作层（重 B 分）。管理层的积分设计偏重于计划管理、目标结果、综合状况、关键价值，操作层的积分设计侧重于现场管理、行为表现、关注细节、即时认同。不同管理层次，积分设计的原则和导向不同。

对于高层管理者，设计原则是关注其整体价值与贡献，在积分导向上看重目标（业绩）、行动计划、重要项目推动、创造性变革、考核指标、团队精神、红绿灯（执行力）及其他贡献等。

对于中层管理者，设计原则是关注其个人价值与执行力，在积分导向上看重目标、行动计划、红绿灯（执行力）、考核指标、团队精神、其他贡献等。

对于基层管理者，设计原则是关注其行为表现与执行力，在积分导向上看重部门指标、行动计划、行为标准、积极表现等。

对于基层员工，设计原则是关注其行为表现，在积分导向上看重个人产出、行为标准、积极表现等。

3.6.1 如何设计 A 分

A 分是岗位分，考量的是岗位核心价值和团队贡献。首先，在设计权重上，岗位核心价值（即岗位所承担的核心责任、对企业的核心贡献）可以提炼 3~5 项，占总体 80% 比重；团队贡献提炼 2~3 项，占总体 20% 的比重，表明人人都要先做好分内之事，也要努力为团队、企业作出贡献。其次，在设计中需建立目标或标准，关注重要过程，每个过程都必须要有结果；第三，操作要严谨，根据设定的明确标准，以严肃的态度认真检视。第四，采用申请、检视、评价的机制，信任员工，让每个员工对自己负责。第五是管控，坚持零容忍，如当事人在申请积分时，若有刻意隐瞒扣分或虚增降分的，每发现一次按涉及分值的 5 倍扣分。

特别强调，A 分的定位是评判员工的胜任力及团队贡献，不做排名，无论正负分直接累计至 B 分，超出或低于 A 基础分的部分，无论正分、负分两倍计算至 C 分，加 A 分无奖券，A 分采取的是申请制，A 分的工作总结与积分采取的是申请表的形式。以下是各层级基础分标准供大家参考，具体到各企业会有差别。

表 3-3 各层级基础分标准示例

级别	职务	岗位分（基础）月	K1 业绩	K2 门店管理/5S 检查	K3 团队精神	K4 贡献建议/服务满意度
经营层	总经理	480				
	副总经理	450				
	总监	420				

续上表

级别	职务	岗位分（基础）月	K1 业绩	K2 门店管理/5S检查	K3 团队精神	K4 贡献建议/服务满意度
管理层	部门经理	300				
管理层	品类经理、区域经理	250				
执行层	主管、督导、主办会计	200				
执行层	工程师/设计师/会计	150				
执行层	仓管组长/驾驶员/专员	120				
执行层	文员/出纳/助理	100				
执行层	仓管员/送货员	80				
营业层	店经理	200				
营业层	店长	180				
营业层	店助/母婴咨询师/陈列师/高级泳疗师	150				
营业层	组长/收银员/游泳抚触师/防损员	100				
营业层	理货员/保洁员/微笑大使	80				

3.6.2 如何设计B分

B分（价值分）设计上通常会包括以下方面：考勤日常、目标管理、客户价值、团队精神、员工招育、好人好事等。具体来讲，可从以下维度设立：岗位标准、公共标准、工作目标、各种排名、内部管控、操作流程、规章制度、团结互助、客户满意、日常行为、考勤制度、建言献策、临时奖励等等，总之，企业目前的问题在哪里，标准就可以设置在哪里；重点在哪里，标准就可以侧重在哪里。

表 3-4　B 分设计参考

层级	基础分（A 分）	价值分（B 分）
决策层	480（80%）	120（20%）
经营层	360（60%）	240（40%）
管理层	240（40%）	360（60%）
执行层	180（70%）	420（30%）

表 3-5　B 分目标管理设计示例

周期性排名奖励		
1. 月度排名	（预算支出：600 元）	奖分
第一名奖励	300 元	300
第二名奖励	200 元	200
第三名奖励	100 元	100
2. 季度排名	（预算支出：1200 元）	
第一名奖励	500 元	500
第二名奖励	400 元	400
第三名奖励	300 元	300
3. 年度排名	（预算支出：2300 元）	
第一名奖励	1000 元	1000
第二名奖励	800 元	800
第三名奖励	500 元	500
说明：刚开始建议暂不做排名。		

3.6.3　如何设计 C 分

作为激励设计，设计 C 分时一定要有预算思维，根据预算设置福利项目。C 分的基本原则是与 D 奖券不会同时得到，在操作中需分别列明奖励 BD 或 BC，C 分设定条件是公司当前的核心需求，人才招育、团队业绩、积分 PK、客户特别认可、获得上级特别认可等。在 C 分的发放中，可充分授权给管理层，让管理层融入团队、更了解员工，比如企业的总经理可以拥有 1000 积分的奖励额度，总监有 800 积分的奖励额度，经理级有 500 积分的奖励额度，如果没有发出去，就说明高层可能没有深入到员工中去，此外，奖励也可用于部门外的团队协作。

表 3-6　C 分兑换物质、福利设计示例

消费类别	C 分消费项目	是否有设定条件	操作说明
日常福利	每月兑换物质	每月 1 次，限 20 个单品	例如，价值 20 元食品，消耗 C30 分
	兑换假期	一次不超过 2 天，每月限 1 次	须上报上级批准，每半天 C200 分
	迟到	20 分钟内，每月限 2 次	每次消耗 C50 分
	请小时假	2 小时内，每月限 2 次	须先报上级批准，每半天消耗 C100 分
年节福利	三八节	限女士	按每月兑换物质的原则
	国家法定节日	无	同上
特定福利	外派培训	入职满 1 年，B 分总值达到 5000 分，限单次 1000 元	公司按个人业绩的 0.2%、0.3% 分别提取个人培训基金与旅游基金。不足部分从 C 分消耗。
	公司旅游	入职满 3 个月，B 分总值达到 5000 分，限单次 2000 元	
	应急资金	有特定困难或需求，B 分总值达到 5000 分，限单次 2 万元	须经批准，每借 5 千元半年消耗 C250 分
重大福利	房车贷基金	入职满 1 年，B 分总值达到 10 000 分以上，待制定详细规则	须经批准，每贷 1 万元消耗 C1000 分
	在职股权	入职满 6 个月，B 分总值达到 10 000 分，限每次 1 股	须经批准，每股消耗 C4000 分

C 分来源：超 A 分基础分的 2 倍奖励 + 特定奖励 BC 分的项目。

C 分消耗：低于 A 分基础分的 2 倍扣除 + 扣 B 或 BC 分的项目。

C 分以 1C = 0.5～2 元的定价原则，用于消费以上特定福利与奖励，详见示例表格。

3.6.4　D 分抽奖与奖券设计

奖券对于员工来讲，增加了福利获得的很多可能性。因为快乐大会时，多一些奖券，中奖概率就会高一些。在奖品设计上，可以是物质类、现金类，也可以是激励类，如团队鼓励或福利机会等。

表 3-7　奖券设计示例

奖品类别	物质类	团队鼓励类	福利机会类	现金类
奖品项目（月度）	a 励志类书籍一本	l 全体同事爱的拥抱一次 m 全体同事高呼"我爱你"一次 n 全场飞吻一次	o 早走券两小时	u 现金：500、300、200、100 各一个
	b 小食品一批		p 迟到券 30 分钟	
	c 代订午餐一份		q 优先兑换物质机会一次	
	d 彩票 5 张		r 去老板家做客一次	
	e 面膜一盒		s 老板亲自接上班一次	v 现场抢红包一次
	f 女性生活用品一批		t 外派学习一次	
	g 男士化妆品			
	h 水杯一个			
	i 特别礼品一批			
	j 电话充值卡 50 元			
	k 电影票两张			
费用预算	1600 元	深情无价	机会无价	2000 元

3.6.5　积分操作流程要点

在积分设计的构成中，标准、操作、激励三者相互依存，缺一不可。

积分操作的流程要点如下：

积分发放——下级申报，上级检视；

记录积分——要用表格或软件记录积分增减，可以自行登记或主管每天上交；

积分通报——及时在微信群每天/周早会发奖券，可用纸质或电子奖券，每周、月、季公布排名公告；

通报形式——微信图文、奖券形式、排名通告形式等；

快乐大会——要确定时间、设计流程、操作执行；

申述机制——对于违规者设置处罚（可通过电话、短信、OA等渠道进行申诉）；

总结优化——前三个月周周总结，之后月月总结，以后随机总结。

综上，积分模式的不同要素在设计及操作中各有技巧及要求，企业需根据现阶段的需要和团队员工的需求进行设计。但是，需注意的是，这里介绍的是积分管理的完整体系，对于企业而言，可以根据实际情况分步骤推进，比如先推行A、B分或C、D分，从最迫切要解决的问题入手，由简入繁，由浅入深，最终逐步构成企业积分管理模式的整个体系。

3.6.6 积分导入路径

在积分模式的导入中，首先需要统一思维，企业各层级员工要认可积分管理模式的价值及设计规则；其次要制定标准的操作流程；第三是选择合适的路径，确定从哪个部门导入更为合适；第四是沉淀坚持，分值有累积才会产生价值；第五是完善优化，推行积分式是循序渐进的过程，不可一蹴而就，也不可半途而废，假以时日，方可见成效。

简言之，积分就是通过对各项工作进行价值量化、积分考核，将过去分奖金模式转变为挣钱发奖金的模式。它能够让不优秀的员工变得优秀，让优秀的员工更优秀，打造积极、快乐、令人欣赏的企业文化，实现系统运行的精细化管控体系。

第4章

全 绩 效

对于企业而言,全绩效是全新的绩效激励模式,它将分钱与共赢有机结合,推动企业自上而下的绩效体系变革。

4.1 为什么要进行绩效变革

4.1.1 老板最头疼的分钱难题

企业可能会遇到这种情况，请来一位高管，月薪两万元，也给这个岗位划定了权责，写明了职责，可是，一年后，他的动力为什么就不够了呢？我们曾遇到一个案例：某企业招了一位财务经理，月薪1万元，这经理就职后拟定的第一套报表出现差错，于是企业想扣其500元，财务经理表示完全不能接受："可以试用不合格被辞退，但不能扣一分钱，因为合同里没有明确界定。"

一般来讲，进入新工作岗位，前几个月员工想要证明自己，工作是很有激情的，对薪酬也可能是满意的，如果一年后薪酬没有变化，就可能受企业氛围影响，变得不积极了，为什么呢？因为员工会认为这些收入是既得的，做多做少都一样，既看不到自己在企业的未来，也没有明确的职业发展规划；案例中是采用相对固定的薪酬模式，谈薪之后，无论员工做的结果如何，薪水就是企业欠员工的。老板认为扣钱是应该的，因为工作没有做到位，但员工觉得薪水是约定好的，就不应该有变动。

两种情况的本质是一样的，老板和员工约定了固定薪酬，如果三年内薪酬没变化，就缺乏动力了，而且做错了还不能扣，因为薪酬与绩效没有挂钩，所以就失去了薪酬应有的激励作用。企业老板最重要的是做好两件事情：一是必须懂得分钱，二是必须建立激励机制。懂得分钱才能获得人心，有机制才能吸引人才。可是分钱对于老板是很头疼的事情，怎么分？分多少？同一层级的员工，看上去都一样，但是如果一刀切，很优秀的人心里一定会不平衡，比如总监，销售总监可能会想业绩都是我们做出来的，为什么不能分多点？财务总监可能会想没有自己支持哪来的业绩？诸如此类。前面讲过，"分"就是积分文化，以文化驱动，"钱"就是绩效文化，以利益驱动，也就是本章要讲的全绩效思维。

4.1.2 薪酬激励模式的新趋势

从薪酬模式上看，传统薪酬模式是员工工资 = 岗位工资 + 加班工资 + 绩效工资 + 工龄工资 + 提成（分红）奖励等，这种薪酬结构没有现实意义，因为薪酬体系的价值在于吸引、保留、激励员工，薪酬体系必须充分考虑和绩效杠杆的结合,否则仅仅起到保障作用,无法有效激励员工。很多公司在建立薪酬激励体系时仅仅关注于短期的激励手段,如薪酬、福利等,没有考虑对中高层管理者、甚至核心骨干员工的中长期激励,导致激励的行为导向短期化,不能支持公司长远发展目标的实现。完整的薪酬管理体系应该是除去财务性报酬,还有非财务性报酬,以及中长期的股权分红等等。这就对公司的绩效管理提出了很高的要求,作为配套的绩效制度必须更加完善。

近年来,企业薪酬激励模式呈现以下发展趋势:

(1) 固定工资所占的比例越来越小。传统的薪酬模式基本工资占比比较高,未来这一部分将会被逐渐弱化;

(2) 福利会更加规范,但收入性福利方面的投入将降低,福利趋向于让员工自己通过努力去争取;

(3) 随机、随意性的奖励会缩小,但与价值贡献直接相关的奖励仍然将保持在高于传统工资额度的水平;

(4) 股权等多元化激励将是未来薪酬的主要趋势。

尽管薪酬不是激励员工的唯一手段,也不是最好的办法,但却是一个非常重要、最易被运用的方法。薪酬总额相同,激励方式不同,会取得不同的效果。所以,如何实现薪酬效能最大化,是一门值得探讨的艺术。

对于企业来说,如果想要合理分钱、顺应薪酬激励模式发展的趋势、在急剧变化的市场环境中保持竞争力,就必须建立一套科学有效的薪酬激励机制。绩效变革因为牵涉到利益分配,需要平衡老板与各层级员工的关系,任何时候都可能会激励一些人,同时激怒一些人。总有一部分人不能得到满足,没有绝对的公平。它比任何变革都难,但如果不变革企业将会更难。

4.2 关于全绩效

4.2.1 如何突破传统薪酬

假如你去一家企业面试,期望月薪 8000 元。面试官告诉你有两个选择:

A. 是相对固定工资 8000 元,加薪基本要等一年以上;

B. 是底薪 3000 元,但月平均薪酬可达 10 000 元,前提是你要努力做出成果。

思考一下，你会选择哪一个？为什么？

你一定会选择B，因为存在更多的可能性和更大的薪酬上升空间。

相比弹性薪酬，固定薪酬的优劣势非常明显。它的优势在于员工会有安全感、操作起来有规范性、会有持续的保障作用，但是，其劣势也是显而易见的，比如太过刚性、容易滋生攀比风气、让员工安逸不作为、缺乏增长性和长期激励性。

从薪酬的特性上看，薪酬需要具备规范性、公平性、激励性、增长性，公平是建立在员工的岗位、级别、能力的基础上，同时，也基于发展过程考虑，因为一个员工在企业的发展具有延续性，所以薪酬也应随着时间的积淀而持续增长。有效的激励需要与科学性相结合，要建立在激发员工潜力并与其绩效紧密联系的基础上。

企业的薪酬模式经过多年的发展与完善，目前常用的有以下几种：

一是长效薪酬，如一年的年薪制改为三年薪酬制，以驱动股、合伙人方式推行股权激励等。长效薪酬把员工的收益与企业的长期绩效联系在一起，激励员工为企业长期绩效考虑，避免员工的短期行为，能够培养一种所有者意识，有助于企业招募和保留高绩效的员工，从而为企业的长期发展打下良好的基础。

二是量化薪酬，即将员工的价值、产值与收入直接关联，推行动力源模式。量化薪酬模型打破了员工岗位限制，无论层级高低，按劳付酬，按贡献给予回报，多劳多得。

三是宽带薪酬，即增强薪酬的短期激励性，促进人效与潜能，推行全绩效模式。宽带薪酬对多个薪酬等级以及薪酬变动范围进行重新组合，从而变成只有少数的薪酬等级以及相应的较宽薪酬变动范围。它将工资等级融入工资变化范围更大、更宽的区间中。宽带薪酬在一定程度上避免了完全按照等级确定工资的传统做法，能提高员工的能力和绩效，同时可以扩大内部等级之间薪酬差距，有利于提高员工的积极性。

在薪酬机制中，这三种模式可以实现互补的效果，基础性岗位、中高层岗位和业务性岗位分别适用不同的模式。三种模式的对比可以发现，薪酬与考核不是孤立的，而应融合为一个体系；没有利益趋同的考核，很乏力；没有价值衡量的薪酬，很空洞。所以，薪酬激励机制必须与利益驱动、价值衡量相互关联，并以利益驱动和价值衡量为基石。

4.2.2 全绩效思维源起

企业人力资源部门最大的价值是经营人才与人效,即挖掘人才潜能、提升组织绩效,最重要的两个突破口是招对人和激励人,其职能的核心是薪酬与绩效,即如何公平共赢地进行利益分配与驱动,而薪酬绩效变革的方向是价值分解、薪酬分块,在考核指标的设计上体现产值化(销售额、毛利、利润、产量、工作量等)和价值化(目标分割、工作标准、工作成果等),也就是要有全绩效的思维。

对于企业来说,薪酬不是成本,而是投资。当企业的薪酬平均增长20%,会发生什么?员工流失率下降20%,企业利润增长50%,员工认同度改善22%,客户满意度提升30%,核心人才忠诚度提升35%,执行力大幅提升。科学的薪酬机制设计能起到很好的激励作用,反之,不合理的薪酬机制则可能带来成本的浪费。既然企业要打破传统的利益分配困局、重塑薪酬绩效体系,那么怎样的体系才是合理的呢?先来看看芝加哥公牛队改变薪酬激励模式的案例,我们之所以决心研发适合婴童企业的全绩效体系,其中就有该案例的启发和影响。

表 4-1 芝加哥公牛队改变薪酬激励模式

合同	旧合同	新的激励合同
罗德曼合同条款	固定年薪 800 万美元	①年薪最高可得 1050 万美元,其中仅有 450 万美元是有保障的; ②再次获得"篮板王"称号再加 50 万美元; ③参加所有付费的比赛可得 100 万美元; ④第 60 场开始每场出场费提高到 18.5 万美元; ⑤助攻成功次数多于失球次数再加 10 万美元
结果	①82 场常规赛只参加了 55 场; ②为缺席的 27 场,按比例多支付了 263.4 万美元; ③公牛队失去本赛季冠军	①82 场常规赛参加了 80 场; ②发挥自己最佳水平,并赢得第七个"篮板王"称号; ③得到了 1010 万美元总薪酬; ④公牛队重新赢得联赛冠军,老板们大赚一笔; ⑤罗德曼本人也很满意

从新旧合同的对比中，可以看到，旧的罗德曼合同中约定固定年薪800万美元，结果82场常规赛罗德曼只参加了55场，为缺席的27场，芝加哥公牛队按比例多支付了263.4万美元，公牛队失去本赛季冠军。

而新合同中规定：罗德曼年薪最高可达1050万美元，其中仅有450万美元是有保障的，再次获得"篮板王"称号再加50万美元，参加所有付费的比赛可得100万美元，第60场开始每场出场费提高到18.5万美元，助攻成功次数多于失球次数再加10万美元。结果82场常规赛罗德曼参加了80场，且发挥自己最佳水平，并赢得第七个"篮板王"称号，得到了1010万美元总薪酬，公牛队重新赢得联赛冠军，老板们大赚一笔，罗德曼本人也很满意。

因为合同激励方式的调整，由之产生的结果，前后差别之大令人感叹，而且是双赢的结局。所以，为什么不能在企业管理层和销售团队用同样的激励方式呢？这样的思考促使我们研发了这套全绩效体系。

4.2.3　什么是全绩效

简单来说，全绩效是聚焦于找到工作结果的价值管理工具。在员工对企业的贡献中，有显性价值（即一切以结果、效果为导向、可以看得见的价值）和隐性价值（即学历、经验、阅历、能力等不太明显的价值）之分，通过合理的激励可以把隐性价值所能够创造出的显性价值充分挖掘出来。价值是衡量员工贡献的唯一标尺。那么，什么样的团队最具有竞争力？一是用数据说话，因为数据是唯一公平、公正的，它反映了结果如何，比如如果不考量销售额就无法计算奖金，如果不考量利润就无法计算提成，没有数据，价值衡量就没有支撑；二是结果导向，所有交易一定是以结果为导向的，任何事情如果没有结果就是没有价值的；三是为价值付费，比如创造了1000万元的利润获得10万元的报酬，如果做得更好收入就应该比这个更高。

用数据说话、以结果导向、为价值付费是全绩效思维的内核。那么，如何理解全绩效呢？它包含两层含义：一是全员绩效——只要有价值的岗位都必须实行绩效管理；二是全面绩效——只要有价值的工作都必须实行绩效管理。

全绩效有两大模式：一是薪酬全绩效；二是积分全绩效。全绩效思维产生的源头在于岗位,那么岗位为何存在?

前面讲了组织架构,组织架构关系着企业愿景、使命、目标的落地,搭建组织架构就意味着配置各种岗位,各部门经理、主管、专员等等,岗位的存在是因为有价值,每个岗位必须有其存在的核心价值。因为根据二八法则,假设一个岗位的工作清单中列有10个事项,但其中两件事完成后所产生的价值占到整个岗位价值的80%,那么这两件事就是核心的事,所创造的就是岗位的核心价值。每天工作8小时,如果把其中80%的时间用在价值最高的20%的工作上,就能创造80%的价值。每个人只有找到自己岗位的核心价值,将之做得越好,产生的结果才会越好。

岗位的构成有四个要素:

首先,岗位是做什么的?每个岗位都应有职责说明和详细的工作清单。这个清单的生成可以由员工本人、上级主管、人力资源部门共同完成,三者每人写一份,三份文件重叠的部分就是这个岗位必须做到的,最后从中筛选出岗位的核心价值。一般来说,每个人对自己列出来的事项更容易接受并执行,比如我们曾给某企业做店长的工作职责及岗位清单:

首先要求老板、店长各列出店长要做的10件事,我们也参与,然后再列出3条要做好这10件事所需要的工具及方法,汇总后就生成了店长的工作清单。

第二,为什么要做这些事情?就是岗位的价值所在,因为该岗位的存在而为企业、团队、客户创造了哪些价值。

第三,要做到的结果是什么?即完成本岗位工作将会实现的目标和结果。

第四,如何检视与衡量?即如何评估和衡量工作的成果及工作量,工作成果=产值(即销售量、销售额、毛利等)+价值(招人、育人、培训等),产值是财务维度,价值是内控、客户、学习成长的维度。

综上,岗位价值分析主要从以下几个维度入手,比如为什么设置这个岗位、它能为企业带来什么价值、企业愿意为这个岗位付出多少薪资等等,通常,岗位与考核和激励相挂钩,低价值的岗位讲标准(比如文员、仓管等),高价值的岗位讲目标(比如主管、经理等),低价值的岗位用相对固定薪酬,高价值的岗位用大弹性薪酬(固定薪酬低、弹性薪酬高)。

全绩效思维强调,员工的核心价值不在于将所有事情都做好,而是将重要的事情做好,这些重要的事并非完全是员工自己认为的,而是由职责定位或上级决定的。将岗位重要职责及公司所需要的结果进行归纳梳理，并形成目标或标准，就是决定员工岗位价值的关键成功因子（Key Successful Factors）。对于业务型、管理层岗位，80%的价值常常由20%的关键项目决定的，这些项目就构成了这些岗位的关键成功因子。

4.2.4 全绩效与KPI的区别

绩效，简言之，就是绩与效的组合，绩就是业绩、成绩，体现企业的利润目标；效就是效率、效果、方式、方法等。通常，母婴零售企业把对人效、坪效、品效、产效、客效、财效的管控统称为绩效，即：

（1）人效——人创销售额、毛利；

（2）坪效——门店每平方米销售额、毛利；

（3）品效——单品贡献率、返修率、合格率；

（4）产效——项目投入产出比；

（5）客效——客户满意度、老客户消费增长率；

（6）财效——投资回报率、资产增值率、优良资产率、坏账率。

这六效构成了常说的绩效。

六效中的人效有五大衡量指标：

（1）人创绩效（包括销售额、毛利、利润等）；

（2）工资费用率（工资所占费用支出的比例）；

（3）每百元工资绩效（销售额、毛利等）；

（4）人创绩效增长率；

（5）员工平均工资增长率与销售（毛利）增长率之比。

通常情况下，人创绩效与工资费用率并不同时适用于一个岗位，关注人效时，应更多选用核心人才（有价值的岗位）保有率，而非员工离失率。

比较常见的绩效评估方法是KPI，即关键业绩指标法，它把对绩效的评估简化为对几个关键指标的考核，将关键指标作为评估标准，关键业绩指标指明各项工作所应产生的结果或所应达到的标准。KPI考核可以帮助企业实现组织结构的优化，运作效率的提高，不必要的机构及流程得以精简，但是KPI考核只是选择了关键业绩指标，比如业务人员只关注业绩达成，可能会忽略团队建设和客户感受，或者只关注销售，不计成本等。与KPI考核机制相比，全绩效关注K指标，即关键成功因子，强调员工的需要，启发员工真正为自己而做，关注价值成果衡量与价值分配管理。从某种程度上说，全绩效颠覆了 KPI 的考核思维，搭建起企业与员工共赢的桥梁，让企业和员工获得利益的平衡与共识。同时，直指企业成本管控与利润增长，点燃企业发展的内在能量。

表4-2 全绩效与 KPI 的比较

KPI	全绩效
关键业绩指标	关键成功因子
强调公司的需要	强调员工的需求
要求员工为公司而做	启发与调动员工为自己而做
没有直接给员工足够动力	强调的就是必须强化原动力
更适用于绩效评价	衡量价值成果
全面绩效管理	价值分配管理
晋升评优特别奖励	薪酬激励

此外，在薪酬机制上，全绩效改变了传统薪酬的结构性思维。传统薪酬结构是基本工资+岗位工资+技术工资+补贴津贴+奖金提成+工龄工资+其他工资，考核是否达到提高了的要求，比如，定个目标，今年要做到多少，如果达成了会获得多少报酬。全绩效薪酬结构重激励，考核的方式是是否比去年做得好，也就是只要做得比过去好收入就会比过去高，全绩效薪酬的重要思维是价值分块、产值分解。产值与价值分解后，企业的任何岗位都会有团队价值、个人价值、公司产值、团队产值和个人产值五个部分，个人价值和产值、团队价值与产值、企业产值构成一个有机的整体。

4.2.5 全绩效的六个原则

总体来说，全绩效围绕1点、2面、3线、4度、5值、6效这六个原则展开，具体阐述如下：

1点——平衡点，就是平衡 AB 之间的支点，达成共识的共识点，比如，过去的历史均值、基础目标等；

2面——产值面和价值面，每个岗位都有独特的产值和价值；

3线——一是保健线：基础目标，与基础收入挂钩；二是激励线：即提升目标，与合理收入挂钩；三是挑战线：即期望或冲刺目标，与超出部分

的额外收益挂钩;

4度——四个维度,基于平衡记分卡(Balanced Score Card, BSC)的理念,考量财务、客户、内部管控、员工学习成长四个维度;

5值——公司产值、团队产值、个人产值、团队价值、个人价值;

6效——人效、客效、坪效、品效、产效、财效。

4.2.6 全绩效的独特价值

全绩效独创的分钱与共赢模式,对于企业、老板、管理者、员工都各有益处。分钱的分就是积分,倡导的是快乐文化,钱是指绩效,打造的是绩效文化,两者都基于共赢的模式。全绩效妥善解决了企业凭什么分钱、如何分钱才有意义的问题,根据平衡线思维,企业愿意为粘合度、匹配度高的指标价值买单,员工只要做得比过去好,超越标准就可以分钱。

对于企业来说,全绩效帮助企业建立完善的利润分配机制,健全薪酬、激励、考核模式,建立企业内部管理报表和岗位分析表,解决企业每年被动涨工资的问题,让管理者主动建立制度,并且执行更到位。对于老板而言,全绩效让老板学会如何分钱,企业经营更轻松。对于管理者而言,全绩效让管理者清楚看到自己岗位的价值和未来努力的方向,在薪酬增长上更主动,且增长多少取决于自己,从管理者变成企业的经营者。对于员工而言,每天的付出都可以获得回报和认可,拥有保持积极工作的原动力。

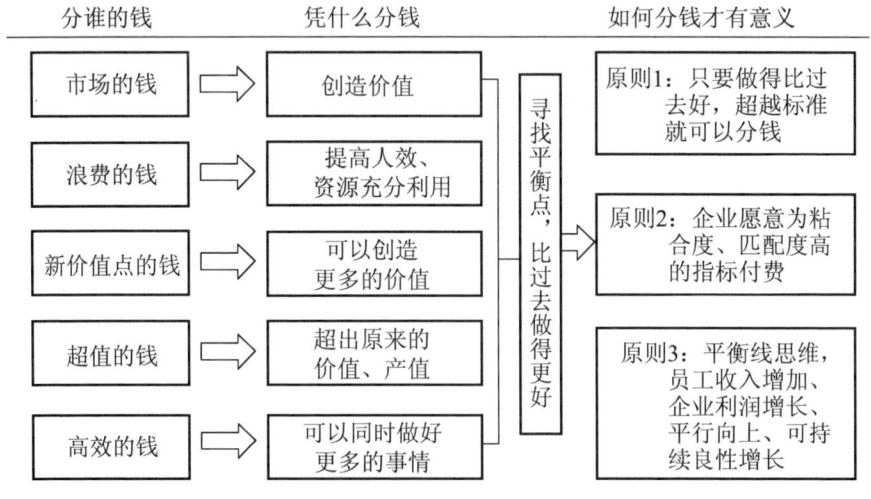

图4-1 全绩效独创的分钱与共赢模式

4.3 如何设计与提取全绩效

4.3.1 平衡记分卡的四个评价维度

一方面，全绩效思维深受罗德曼合约的影响，另一方面，也借鉴了平衡记分卡的四个维度理念。平衡记分卡是从财务、客户、内部运营（内控）、员工学习与成长四个角度，将组织的战略落实为可操作的衡量指标和目标值的绩效管理体系。它在设计上包括四个方面：财务角度、顾客角度、内部运营流程、学习和成长。这几个角度分别代表企业三个主要的利益相关者：股东、顾客、员工，每个角度的重要性取决于角度的本身和指标的选择是否与企业战略相一致。每个方面都有其核心内容：

首先，财务层面，如果企业成功，呈现给股东的是什么？

它显示企业的战略及其实施和执行是否对改善企业盈利做出贡献。财务目标通常与获利能力有关，其衡量指标包括净资产收益率、利润额/率、营运利润、毛利额/率、销售额、费用额/率、回款率、坏账率等。

其次，客户层面，为实现企业的愿景，必须呈现给客户什么？

衡量的指标通常包括客户满意度、市场占有率、客户投诉率/次数、客户投诉处理时间、客户投诉处理满意度等。

第三，内部运营（内控）层面，为满足客户需求，必须在哪些流程上更优化？在这一层面上，管理者要确认企业关键的内部流程，这些流程帮助企业实现价值主张，以吸引和留住目标细分市场的客户，并满足股东对卓越财务回报的期望。衡量的指标通常包括存货周期、断货率/缺货率、差错率、项目完成进度、重点业务计划（比如采购计划）等。

第四，员工学习与成长层面，为实现企业愿景，组织必须如何学习和改进？它确立了企业要实现长期的成长和改善就必须建立的基础框架，确立了未来成功的关键因素。为了实现愿景目标，企业必须投资于员工技能的提升、组织程序和日常工作的理顺，如员工满意度、培训计划实施、员工流失率、员工保有率（核心人才的存留）、人才开发目标等，这些都是平衡记分卡学习与成长层面追求的目标。

平衡记分卡最大的优点在于，它从企业的四个方面来建立衡量体系，即财务、客户、内部运营（内控）和员工学习与成长。这四个方面是相互联系、相互影响的，其他三类指标的实现，最终保证了财务指标的实现。同时平衡记分卡方法下设立的考核指标既包括对过去业绩的考核，也包括对未来业绩的考核。

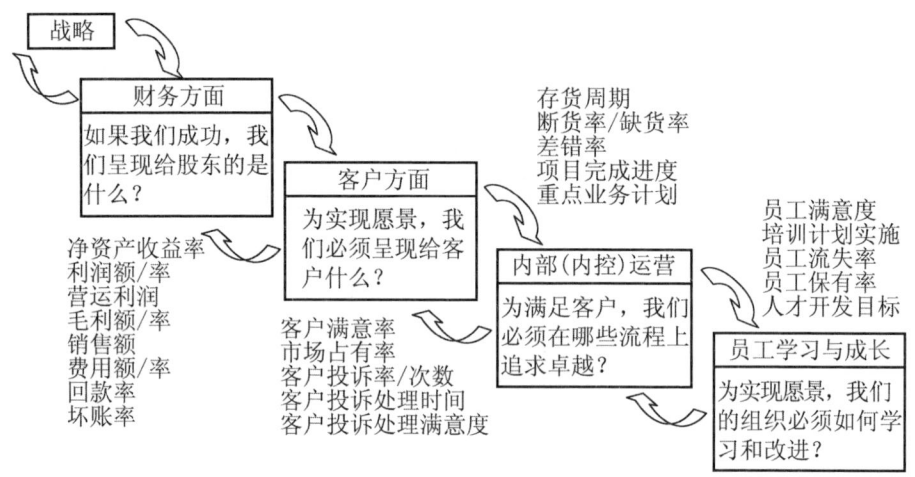

图4-2 平衡记分卡四个评价维度的因果关系示意图

表4-3 四个维度常用衡量指标概览

指标类	指标名称
财务类指标	销售额、利润、利润率、利润增长率、税后纯利、毛利、毛利率、销售利润率、投资回报率、费用率、回款及时率、净资产收益率、资本保值增值率、总资产报酬率、净资产收益率、流动资产周转率、存货周转率、应收账款周转率、资产负债率、流动比率、速动比率、长期资产适合率、资本积累率、总资产增值率
内部运作类指标	销售额、销售增加率、销售完成率、劳动生产率（人创绩效）、工资费用率、投诉处理及时率、配送完成率、营销完成率、市场占有率、差错率、货损货差率
客户类指标	新客户增长率、老客户流失率、客户满意度、客户档案完整率、客户拜访记录、客户投诉处理时间、神秘顾客调研
员工发展类指标	培训覆盖率、核心人才保有率、员工流动率、人才适配度、培训计划达成率、人才需求达成率、培训满意度

4.3.2 全绩效薪酬设计的原则和核心

提取与设计全绩效的流程如下：

第一步：进行岗位价值分析，对每个岗位的核心价值进行提炼；

第二步：选取5～8个衡量指标。岗位价值提炼后，基本能涵盖创造80%岗位价值的核心业务，从中提取衡量指标；

第三步：进行薪酬分割，设置激励方式，把薪酬根据提取出的衡量指标进行合理分配；

第四步：分析历史数据，看看过去的均值，已实现的有多少；

第五步：选定平衡点，从过去的均值中找到平衡点；

第六步：预算套算，把数据带入，按照规则进行测算套算，看看设计是否合理。

在全绩效薪酬设计中，需坚持两面四度的原则，即从价值面和产值面着手，在价值面上关注财务、客户、内部运营（内控）和员工学习与成长这四个维度，比如：财务维度的行政费用率可占比15%，员工工资费用率可占比15%，内控维度的工作标准体系建设可占比20%，部门费用预算管控可占比5%，客户维度的行政服务满意度可占比15%，员工学习与成长维度的核心人才保有率可占比5%，行政类服务培训课时数可占比5%，产值面上，公司销售额可占比20%等。

绩效薪酬设计的核心可归纳为"点""线""度"，"点"即利益平衡点，是平衡员工与老板利益、心态的支点，通常是历史均值、保本点、保守预算点；"线"即目标三条线，一是保健线、激励线、挑战线；二是历史最高线、最低线、平均线；"度"指标关联两个度，一是指标提取、权重与岗位价值的匹配度（如销售额与人力资源部门相关，但库存周转和人力资源部门就不相关）；二是利益趋同、价值相向的粘合度（如人效与人力资源部门）。这里要强调的是，利益平衡点作为共赢的支点，也即盈亏平衡点、历史均值、共识点、保守预算、同期可比值，是全绩效重要的支点，支点的一边是企业利益，一边是员工利益，而支点的核心是产值与价值。对于不同岗位、层级员工的全绩效薪酬设计，产值面和价值面的选取及指标数量的要求也不同，具体如下：

一线管理层：公司产值+团队产值+团队价值+个人价值

二线管理层：团队价值+个人价值+公司产值

一线员工：个人产值+公司产值+个人价值

二线员工：个人产值+个人价值+公司产值

在指标数量的选择上，可参考橄榄球原理，决策层即高层，总监以上，指标数量3～5个，中层即管理层，包括主管、经理等，指标数量6～8个，基层即一线、二线员工，指标数量3～5个。（说明：一线指销售团队，二线指后勤团队，在实际操作时须依据岗位价值评估再做定位。）

4.3.3 全绩效设计操作步骤

对于企业来说，全绩效具体设计操作步骤如下：

第一步：选定岗位

一般来说，最适合的岗位为管理人员，如总经理、副总、总监、经理、主管等；较为适合的是一线员工，如销售团队。

不建议适用于二线员工，如收银、仓管、会计、出纳、结算、文员等。

可以从一个人开始，也可以从一个部门开始，前一个月或季度先做试点。

第二步：确认K指标（关键价值点）

要点如下：

（1）结合岗位职责分析表进行分析，岗位具体工作事项、这些事项中哪些是价值比较高的，对这些核心价值事项所产生的结果进行梳理；

（2）结合平衡记分卡（BSC）中财务、客户、内控、学习成长这四个维度；

（3）结合产值面，考量粘合度；

（4）结合价值面，考量匹配度；

（5）结合数据报表：人效、坪效、品效、产效、财效。

此处关注的重点在于岗位是做什么的、需要解决的问题及需要提升的方面。

第三步：设定薪酬额度

要点如下：

（1）企业准备付多少钱为该岗位的价值和结果买单？

（2）可以从现有薪资的固定部分或提成反推，确定基本薪酬和绩效薪酬的占比；

（3）对于业务型、管理型岗位来说，80%的价值常常由20%的关键项目决定，可以80%全绩效，20%固定薪酬。

总的来说，职位越高，目标要求越高，结果要求也越高，所以绩效部分占比越高，基本部分占比越低。比如：总监级基本薪资和绩效薪资占比可能为2∶8，经理级可能是3∶7，主管级可能是4∶6等。但是，不建议将所有薪资都设为绩效薪资，因为每个岗位除了关键项目产生的价值外，还有其他非核心的工作事项，此外，员工也需要有基本的薪资保障，否则会影响其对企业和团队的归属感。

第四步：衡量权重

要点如下：

（1）每项指标准备支付多少钱？

（2）根据工作重要程度进行排序；

（3）确定工作花费的时间比例，优先把时间花在重要的事情上；

（4）前两个K指标一般占50%。

第五步：选定平衡点

要点如下：

（1）每个K指标都付了工资，每个指标想要达到什么结果、实现什么价值（要求具体、可衡量、能够实现并可以检视）；

（2）根据历史、现状，参考平均值、盈亏平衡点、共识点、保守预算、同期可比值；

（3）一定要有共赢思维，比如员工如果达到了区间薪酬的上限，可以考虑给予晋升；

（4）找到近似的月份作为参照，如果没有就先做预估。

第六步：刻度与力度

要点如下：

（1）刻度：指对目标值的衡量与分段、幅度，即把大目标分解成若干小目标，每达成一个小目标即可获得相对合理的激励，这些小目标就是刻度。对于员工来说，刻度越小越容易实现。

（2）力度：相应付多少钱买这些价值和结果，给予的奖励与少发的力度。

第七步：奖励、少发

要点如下：

（1）预估企业收入多少？利润多少？尽量用额，少用率，比如销售额、利润额等。

（2）利润多少？有多少要分出去？分给哪些人？

（3）确定奖励与少发比例，做得比过去好就奖励，比过去差就少发。

(4) 测算：高值能拿多少？低值能拿多少？即历史最高限能达到多少，最低限会去到哪里。

(5) 注意刻度的幅度设计，刻度越大激励就越小，员工会没有动力。

(6) 历史高值奖励，原则上不能超过分配的薪酬权重金额。

(7) 按岗位比例进行分配，不同岗位的比例不同。

第八步：数据测算、套算

要点如下：

(1) 测算让老板和员工清晰地知道奖励或少发是否合理；

(2) 采用表格函数公式；

(3) 高奖励（激励线）：历史高值，要有报表对应；

(4) 预估高奖励（挑战线）：理想高目标。

4.4 区间工资

4.4.1 全绩效薪酬模型——区间工资

与传统薪酬思维相比，全绩效思维做了三方面的改变：

一是把传统的等级工资调整为区间工资；

二是把岗位价值的体现从原来的 KPI 指标转变为关键成功因子；

三是所有工资的增长、等级的调整都是员工自己说了算，薪酬是自己创造的，让员工真正为自己干，干得越好就拿得越多（表 4-4）。

表 4-4 全绩效考核权重配比表参考

层级	对应岗位	职级	基本工资	全绩效
决策层	总经理	8	20%	80%
经营层	总监	7	20%	80%
管理层	高级经理	6	20%	80%
	经理	5	20%	80%
	主管	4	30%	70%
执行层	专员	3	50%	50%
事务层	助理、文员	2	60%	40%
营业层	业务员、导购	1	50%	50%

表 4-5 全绩效区间工资模型

单位:元

级别	职务	月工资标准	基本工资	产值		价值		人效	Total	年工资额
				销售额	利润额	管理费用	核心人才保有人数			
全绩效 80%			20%							
决策层	总经理	26 000~39 500	5200~7900	40%	30%	10%	10%	10%	100%	312 000~474 000
				8320~12 640	6240~9840	2080~3160	2080~3160	2080~3160	20 800~31 600	
经营层	副总经理	16 000~25 000	3200~5000	5120~8000	3840~6000	1280~2000	1280~2000	1280~2000	12 800~20 000	192 000~300 000
经营层	总监	10 500~15 000	2100~3000	32%	24%	8%	8%	8%	80%	126 000~186 000
				3360~4800	2520~3600	840~1200	840~1200	840~1200	8400~12 000	
全绩效 70%			基本工资 30%	公司产值		价值			合计	
				销售额	净利润	管理费用	核心人才保有人数	人效		
管理层	经理	7500~12 000	2250~3600	30%	30%	15%	15%	10%	100%	90 000~122 400
				21%	21%	10.5%	10.5%	7%	70%	
				1575~2520	1575~2520	788~1260	788~1260	525~840	5250~8400	
全绩效 60%			基本工资 40%	公司产值		价值			Total	
				销售额	净利润	管理费用	核心人才保有人数	人效		
管理层	业务主管	4000~5350	1600~2140	25%	25%	15%	20%	15%	100%	48 000~64 200
				15%	15%	9%	12%	9%	60%	
				600~803	600~803	360~482	480~642	360~482	2400~3210	

表4-5告诉我们两个方向：一是区间工资的概念；二是找到关键价值点，具体到每个岗位要考核什么，哪个指标是企业想要的就考核哪个。要注意，客单价和客单量必须保持平衡，权重占比要一样，避免并单或拆单，这两者相结合就是销售额，不要既考核客单价、客单量又考核销售额。在思维上，让基层员工月月变，中层员工季度或者半年变，高层员工一年变一次，员工才会更有动力。在设置时一定要注意，处于什么区间拿什么薪酬，相对固定，月月浮动，要拿更多的钱，就要级级升高。

综上，全绩效薪酬体系设置步骤如下：

第一步：确定岗位价值，板块分割；
第二步：确定底薪、价值权重比例；
第三步：确定平衡点；
第四步：确定提成比例（含个人绩效提成）；
第五步：确定部门奖励（集体提成、奖金）。

4.4.2 区间工资案例剖析

这里以母婴咨询师岗位为例，来看看区间工资在应用中的独特优势。

表4-6 母婴咨询师薪酬体系模型

职等	等级	传统基本工资	基本工资（区间50%）	全绩效50%（25%）						25%	月工资标准
				客单量	客单价	毛利额	用效会员	投诉次数	合计	资金	
				30%	30%	20%	10%	10%			
一等 母婴咨询师	10	1450	1000～1450	218	218	145	73	73	725	725	1000～2900
	9	1400		210	210	140	70	70	700	700	
	8	1350		203	203	135	68	68	675	675	
	7	1300		195	195	130	65	65	650	650	
	6	1250		188	188	125	63	63	625	625	
	5	1200		180	180	120	60	60	600	600	
	4	1150		173	173	115	58	58	575	575	
	3	1100		165	165	110	55	55	550	550	
	2	1050		158	158	105	53	53	525	525	
	1	1000		150	150	100	50	50	500	500	
	试	1000		-	-	-	-	-	-	-	

如表4-6所示，门店母婴咨询师的薪资由基本工资和绩效工资构成，如果基本工资是1100元，绩效奖金是1100元，那么月标准工资就是2200元。区间工资的核心就是做到相对固定、月月浮动，如何理解呢？

比如小张，岗位基本工资是1000元，这个月奖金拿到了1800元，两者相加除以2，次月基本工资就变成1400元，对于新员工来说不用两年、三年，这个月只要足够努力次月基本工资就能拿到1400元，是靠自己的努力得到的，越努力拿到的会越多。老员工基本工资是1450元，有可能这个月状态不好或者请假多，奖金只有800元，两者相加除以2，次月基本工资就是1125元，就会有压力。绩效考核部分以店员为例，店员属于基层岗位，指标数量可选择3~5个，比如客单价、客单量、毛利、有效会员、客诉，前三者属于产值面，后两个属于价值面。

如果员工连续两个月做得都比过去差，就要反思，寻找改进业绩的方法了。如果员工持续三个月标准工资都能拿到2900元以上，就问他想不想要拿到更多，想拿到更多就要上升一个区间，从店员升为店助。这种模式的关键在于，员工的工资是由上个月决定的，店长的工资是由上个季度决定的，经理的工资是由上半年决定的，总监的工资是由上年度决定的。若是达到该岗位区间的上限，想要拿得更多，就需要升入另一个区间。这样的薪酬模式，拿多少薪水取决于员工自己，能够极大地调动员工的积极性和主动性。

全绩效薪酬模型的实质是产值工资+价值工资+匀工资，这样的设置让员工既关注产值，也关注价值，不仅关注做事，更关注结果。随着该模式的推进，企业可以逐步取消销售提成。假设某岗位标准工资是5000元，基本工资2500元，提成部分可以设定1/3或者1/2与全绩效挂钩，之后不断调整提成占比。行业普遍的销售提成比例是2%~2.5%，按平均5万人效来算，2.5%就是1250元，如果提成1%就是500元，另外的750元按全绩效分块，可以找到客单价的平衡点，如果门店平均客单价是150元，每高1元奖励10元，高两元奖励20元，门店里很可能有店员做到180元，就能比别人多拿，也可能有人只做到120元，这部分考核就没有钱拿，做得越好拿得就越多，反之亦然。如此转换之后，就会发现提成的意义不大，因为提成高的商品可能不是消费者真正需要的，会伤消费者的心。

4.5 全绩效导入

在全绩效方案设计完成后,企业要选择合适的导入时机、导入方式及导入步骤,才能取得最佳效果。

4.5.1 选择全绩效导入的最佳时机

(1)旺季导入,因为旺季业绩好,相当于给员工加薪,比较容易被接受;

(2)加薪之前,以全绩效的模式调整加薪的方式;

(3)非旺季导入,员工工资下滑了,要考虑内控指标的粘合度和合理性。

4.5.2 全绩效导入的方式

(1)企业项目组导入(由3、5、7位人员组成,注意需是奇位数成员)。

由3人组成项目小组:老板+高管+操作者;或由5人、7人组成项目小组:老板+高管+HR+财务+销售+采购。

(2)聘请外部顾问参与导入。

4.5.3 全绩效导入步骤

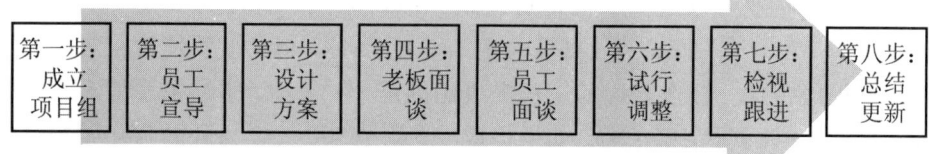

图4-3 全绩效导入步骤

第一步:成立项目组

(1)确认人员名单;

(2)制定全绩效模式的导入时间进度表;

(3) 明确项目组成员分工和要求；

(4) 导入顺序：要从上到下，不要从下到上。

第二步：员工宣导

(1) 确定参会人员名单；

(2) 宣讲增加收入渠道；

(3) 讨论找到工作方向和方法；

(4) 分析企业和员工目前的问题；

(5) 暗示全绩效薪酬激励模式，核心是激励；

(6) 详细介绍全绩效薪酬激励模式：只要比过去做得好，就可以收入更高；

(7) 让员工写下自己认为所在岗位最重要的5个价值，并标上价格；

(8) 取得员工的基本认同。通常可以分批次导入，先试行部分岗位，从上往下试行，从管理层入手，有需求提出可以先做，否则由公司统一安排。

第三步：设计方案

设计全绩效方案需特别注意以下事项：

(1) 准备数据：务必确保数据的真实准确，经得起推敲。

(2) 指标提炼：

A. 参照BSC的四个维度；

B. 针对需要解决的问题；

C. 针对需要提升的地方；

D. 以改善和提升企业绩效为导向。

(3) 平衡点：

A. 尊重数据，考虑现实。平衡点是真实的数据，原则上可能不是整数；

B. 有数据的情况下尽量找数据，找不到数据的情况下找共识；大多数平衡点是用过去的均值或者盈亏平衡点，但有些新业务没有数据就需要达成共识，如果达不成共识就应该拿掉，不作考虑。

(4) 测算、套算：

以历史数据进行测算套算，反推奖励的合理性。当各项K指标达到最好时收入能达到什么状态，最差是什么状态，做到心中有数。

(备注：如果对测算套算没有把握，做完一部分就可以发给专业顾问老师以进行点评修正。)

第四步：老板面谈

(1) 设计完成的方案首先要和老板面谈，倾听老板的意见；

(2) 要详细告诉老板以下事项：

A. 高点能拿多少？

B. 低点少发多少？

C. 挑战线可以拿到多少？

(3) 老板若认可方案，即现场确认通过。

第五步：员工面谈

(1) 老板要参加；

(2) 将全绩效模式与现行薪酬绩效模式进行对比，指出收入可增部分，现场讨论，达成共识；

(3) 员工若没有安全感，匀工资或可并行。

第六步：试行调整

(1) 未正式执行或试行期间所有数据、平衡点和指标都可根据实际情况进行适当调整；

(2) 调整后要经双方确认才算调整有效。

第七步：检视跟进

(1) 这一步非常重要；

(2) 做 K 目标手册，每周检视，开 K 目标会议，讨论改进；

(3) 前三至六个月老板（部门负责人）必须亲自关注每个核心指标；

(4) 内控部分见效较快，但是业绩达成需要时间周期，不能操之过急；

(5) 坚持为不断改进寻找方法，而不是找理由取消。

第八步：总结更新

(1) 每年调整指标和平衡点；

(2) 指标是新的一年需要的指标；

(3) 平衡点和工资是去年的平均数和平均工资。

第 5 章

动力源

　　动力源作为针对二线基础岗位和操作型人员设计的基于个人产值/价值的薪酬绩效模型,其核心是产值量化。这种模式能够让员工在做好本职工作之余,自发自愿承担力所能及的分外之事,从而大幅提升企业人效。

5.1 为什么会有动力源

5.1.1 员工的思维盲点

笔者在咨询服务中曾遇到一个案例：

某公司有 7 个采购助理，各自负责不同品类的订单采购，其中一个采购助理要请假一个月，他的工作就需要有人协助处理，但是，其他采购助理都说自己很忙，没人愿意处理他手头的订单，即使同样的流程他们都可以做。这件事让部门经理很头疼。

为什么采购助理一次会请一个月的假？为什么其他人不愿协助处理订单？因为在员工的思维习惯里，通常存在以下盲点：一是少干活，多拿钱，甚至不干活就能拿到钱；二是只做分内的事，不愿做分外之事，多一事不如少一事；三是只在工作时间内做事，其他时间都是自己的；四是想方设法拒绝更多的工作，不在自己职责范围内的不想插手；五是忙于做事，但不愿对结果负责。

试想，如果员工请假期间所缺失的工作产值不仅与当月薪酬挂钩，而且与季度和年度的绩效及薪酬福利相关联，那么，员工还会随随便便就请长假吗？如果员工所做分外之事的产值同样与员工当月的薪酬福利相关，并且做得越多收入越多，员工还会拒绝分外之事吗？

所以，员工之所以对工作不上心，不愿承担分外的责任，本质上还是企业对这些岗位的薪酬绩效模型的设计有问题。

5.1.2 动力源思维源起

员工的工资是怎么来的呢？

看上去是谈薪时和上司约定的、月终时公司给发的，但说到底，是从自己创造的价值中来的，而且是否能加薪也是自己决定的，因为员工所处的岗位给客户创造了价值、给企业创造了价值，所以可以获得相应的报酬，并且，只要创造的价值比过去多，收入就应该比过去高。

从企业的角度，员工收入从哪里来？

如果是从团队产值中来，就可能是搭便车，比如公司整体业绩增长了，所有人就可以多发奖金，这种模糊的分配机制弱化了个人的付出与价值，容易造成干与不干一个样,干多干少一个样。如果是从个人产值中来,就更直接,并具主动性,员工付出得多,产出的价值高,收入就高,从而激发他们产出更多,人效更高。所以,在此建议,员工收入应从个人产值中来,就有了动力源的概念。顾名思义,动力源就是找到员工动力的来源,从源头上激励员工通过更积极、更主动、更努力地工作获得更丰厚的报酬。

动力源可以让员工工作产值更量化。在设计上,每个岗位每个员工需要列一个工作清单,按时间紧迫程度和事情重要程度进行优先级别排序,去掉不重要不紧急的事项,然后把每月薪酬按这些事项做具体分解,就是进行产值量化,比如前面案例中,假若每协助处理一个订单可以获得50元奖励,就一定会有人抢着做,这样就可以解决请假后订单没人处理的问题。

通过这种方式,很快就能发现员工不会再轻易请假,因为按照全绩效区间工资的概念,以店员为例,无论前三个月上多长时间的班、创造了多少产值,第四个月薪水都会与前三个月的表现相关联。所以,如果员工请假下个季度的薪水就会少,也就不会随意请假。把岗位最重要的几件事情进行量化,不能量化的打包,打包后除以工作日,就是明确的收入,这样员工即使请假了工作一样会有人处理。所以,动力源思维可以调动员工的积极性,从搭便车变成更积极更主动,从员工不愿意干分外的事变成抢着干分外的事。

5.2 动力源思维的概念及价值

5.2.1 什么是动力源

动力源是基于个人产值/价值的薪酬绩效模型,其核心是产值量化考核,将员工的工作职责、工作内容、工作项目、工作结果等以标准化、规则化、价值化的方式进行量化考核计算,并直接与员工的收入挂钩,形成多劳多得的利益分配机制,解决员工工作积极性和主动性、跨部门工作、复合型人才、员工加班工作、主动付出等企业在管理中的困惑。与全绩效相比,全绩效适用于中高层管理者、业务型人员,这些岗位挑战性较大,基本工资低,弹性工资高,动力源则适用于二线基础岗位、操作型人员,这些岗位基本工资高,弹性工资低。公司越大,基础性岗位越多,动力源就越有效。

全绩效采取的价值分块,产值分解,得到的是公司产值、团队产值、个人产值、团队价值、公司价值。在动力源中，这五个产值没有变，但实际工作中每个岗位都有分内之事和分外之事，往往每个人都会做好分内之事，而不愿做分外之事。把分内之事采用全绩效的模式，平衡向上的原则，只要做得比过去好就能拿得比过去多，一般基层员工采用3～5个模块，之外的不好量化的可以打包，比如前3～5个模块占整体工作量的80%，打包的占20%，如果打包部分不好定价格，可以用奖券、积分的形式去解决，这样员工原本不愿做分外之事，现在会变得很积极。员工每多做一件事情就应多一份报酬，愿意做更多事就应涨工资，一位员工分外之事做得久了，逐渐就会变成分内之事，岗位工作量更饱和，收入就会更多。

5.2.2 动力源的独特价值

通常，二线基础岗位和操作型人员的薪酬机制，一直是大多数企业的难题。这些岗位工作琐碎、规律性差、目标少、量化程度低、临时事务多……在绩效管理上，很难量化和检视。对于企业来说，动力源模式实现了多劳多得的价值交易，员工付出多少价值就可以获得多少收入，因为有人愿意干分外之事，所以会有同岗不同薪，对于复合型岗位设计和一专多能的人才配置有很好的促进作用，让更多的员工逐步成为复合型人才，从而大幅提升企业的整体人效。

具体来说，动力源解决了以下七个问题：

（1）每月应付给员工多少薪酬的问题；

（2）员工的收入状况与其能力、价值充分匹配的问题；

（3）员工认真履行职责，行为结果与价值之间的关系问题；

（4）员工只做自己的事情，不愿意付出与兼顾其他工作的问题；

（5）员工收入互相比较、衡量的问题；

（6）跨部门工作、全员营销、团队间相互支持等无法有效衡量和激励的问题；

（7）员工关注的利益多次分配的问题。

5.3 动力源模式设计步骤

动力源模式的设计步骤如下：

第一步：以是否容易测量为导向，取出易测量的部分；

第二步：对易测量的部分进行实践、数量、价值分析；

第三步：初定易测量部分的工资占比，并分别定价；

第四步：对不易测量部分进行分类打包，并建立管控机制，设置管控标准；

第五步：测算并进行比对；

第六步：找到平衡点；

第七步：开放更多的公共产值，前期先做本部门的，逐步推广至公司各部门；

第八步：不断修正相关标准，增减测量内容。因为之前的标准可能不准确，或者已经常态化的不需再做测量。

具体而言，每一步的操作重点如下：

第一步：岗位分析

（1）工作事项：即岗位的工作事项清单；

（2）花费时间：即每个工作事项所需花费的时间；

（3）分布规律：即这些工作事项的发生频次（日、周、月、季、年）；

（4）工作强度、难度：即各项工作的强度、难度；

（5）工作价值：即各项工作的价值产出；

（6）测量方式：即如何测量、评估工作成果。

该步骤的难点在于列工作事项清单，建议每个岗位可以由三人参与，比如助理级岗位，助理本人、上级主管、人力资源部门各列一份，汇总后找出重叠的事项，即可列出该岗位的工作事项清单。

第二步：量化

（1）找出易测量的部分；

（2）对易测量的部分进行时间、数量、价值分析；

（3）通常，一个岗位易测量部分为工作总量的30%～50%。

第三步：定价

（1）对纳入测量的部分组织模拟定价；

（2）根据定价进行测算。

这一步和全绩效思维相同，即价值分块，产值分解。

第四步：归类

（1）岗位产值：指定岗位或流程紧密的岗位才能做的部分；

（2）公共产值：通过培训或指导，可以公开招募执行者；对公共事项进行公示，所有员工都可以参加培训，让员工自行选择，如果有人请假或不愿做，这件事就会有人主动来做。

第五步：测算

（1）测算各岗位的可能性收入；

（2）通常测算后的工资会低于原来工资，因为员工之前的工作可能没有做到位；

（3）因此，必须补充新的产值项目；

（4）组织比对，增补项目后的可能性收入必须高于原工资，这样员工才会更有动力。

第六步：打包

对不易测量部分进行分类打包，并建立管控标准，若事项较多，可以分成不同类别。

第七步：开放

开放更多的公共产值，进一步提升人效。公共事项放开后，员工的积极性会提高，很多事情大家踊跃争取，这样会自然优胜劣汰。

第八步：优化

（1）不断调整、修正、扩充产值项目；

（2）通过总结、评估，保持月月小修、半年大修的优化进度。

第 6 章

驱 动 股

股权激励作为企业对员工进行长期激励的一种方法，用得好可以达成企业和员工的双赢，反之，则会让企业陷入泥淖。驱动股是一种适用于中高层管理者和业务型人员的很好的激励方式。

6.1 如何突破股权分配困局

6.1.1 一个案例引发的思考

我们曾服务过一家企业,当时企业年营业规模大概1亿元,正在快速发展中,老板最头疼的问题在于曾经在发展初期给员工许诺太多,让员工参与太深,没把握好分寸,到了一定程度公司基本上已经无法管理。

7年前,在这家公司规模还很小的时候,老板一方面想要筹集多点钱,速度快一点,多开些店,另一方面想让员工更有主人翁意识,把门店当作自己的事业,同时也多赚点钱,所以就让门店的店长、主管以及敬业度高的员工自愿投钱参股,这一举措让很多员工成了门店的股东或者公司的股东。7年来,随着整个母婴行业的快速发展,这个公司也得到了很大的发展,盈利能力越来越强,逐步成长为区域内颇有影响力的企业,看上去企业做得风生水起,但是,内部管理却出现了非常棘手的问题。

问题一:诸如一个店长7年前投资了一个门店,第一年他投了1万元,年终分到了2万元,他没有把钱拿出来,而是继续投第二个店,这时他总共投了3万元,第三年就变成6万元,第四年就变成10万元,第五年就变成了20万元,这时他不想做店长了,要做导购,因为可以赚更多钱,但是店长要当店员,门店怎么管理呢?这种情况在这个公司很普遍。

问题二:公司做大了,要搭建团队,就会有不同层级,因为之前缺乏系统规划,后来的经理、总监都没有股份,好不容易花30万元年薪请来一个总监,总监发现在公司年薪30万元以上的员工超过10人,而且这10个人都是店员岗位,心里就不平衡。这个总监业务能力比较强,半年后和老板谈薪,如果能给到年薪50万元就留下,最后谈到40万元留下了,但却没什么激情,过了一段时间其执意要离开,即使老板愿意给出50万元年薪还是走了,几个月之后他团队里能干的人也纷纷都离开了。

案例中老板初衷是希望通过股权激励,使员工参与到企业和门店的发展经营中,使其在拥有企业或门店的部分控制权后,不仅关注短期业绩,更关注企业长远发展,并真正对此负责。老板在做股权时很有激情,考虑了当时需要解决的问题,也确实取得了一定的成效,然而,由于在股权设计时缺乏系统规划和前瞻性,留下很多隐患。由此可以看出,股权激励作为企业对员工进行长期激励的一种方法,是一把双刃剑,用得好可以达成企业和员工的双赢,实现企业发展和员工职业生涯的提升,用得不好则会让企业的经营管理陷入泥淖。

6.1.2 企业可以给员工什么

一般来说,优秀员工所需的价值回报不是工资、奖金就能满足的,有效的办法是直接对其实施激励,将他们的价值回报与公司的持续增值紧密联系起来,通过公司增值来回报这些员工为企业发展所作出的贡献。

因此,企业为了提高凝聚力和工作热情,规避员工的短期行为,维持战略的连贯性,开拓企业与员工的双赢局面,实现对员工的激励与约束,使公司员工的利益与企业的长远发展更紧密地结合,充分调动其积极性和创造性,实现企业的可持续发展,会给予员工一些薪酬外的激励,常见的有给员工分红权、增值权或期权,分红权就是给现在,增值权或期权就是给未来,期权等于未来的股份,但这个股份并不等于实际收益。当然,企业也可以采用分红权和增值权并行的激励方式,既给现在也给未来。对二者的具体描述如下:

分红权,通常是指企业根据每年业绩水平,在完成公司既定业绩目标的情况下,从每年税后净增利润中提取一定比例的专项激励基金,按照员工个人岗位分配系数和绩效考核系数,以长期激励形式奖励给企业的优秀员工。员工获得分红权不需出资,该权利也不得转让和出售。

增值权,就是按照股份额度享有相应股权比例的公司资产增值部分的权益,享受此项激励的员工不用为行权支付现金,行权后由公司支付现金、股票或股票和现金的组合。

期权,实际上是企业给予员工的一种未来的工资福利,员工拿着期权,将来行权了就可以卖掉股份,获得一笔不错的现金收入。公司业绩好、估值/市值高,卖掉股份的收入会越高。

但是,企业经营是要承担风险的,大多数普通员工既没有承担风险的意愿,也没有这样的能力。这三种激励方式都存在一个问题,就是因为不需员工出资,那么如果经营不善或者企业做不下去了,和员工就没什么关系,约束性和激励效果在一定程度上会打折扣。所以说,激励方式的选择是股权激励的核心问题,直接决定了激励的效果。

那么，对于不同岗位、不同类型的员工，分别适用什么激励方式呢？

对于高层来讲，可以采取期权、期股、实股这三种方式；对于中层及优秀员工，可以采取期股、驱动股；对于基层，可采用驱动股或奖金；对于能力强的人，可以采用期权、期股、驱动股；对于忠诚度高的人，可以采用期股、驱动股；对于有功劳的人，可采用驱动股；对于能力强、忠诚度高的人，可以采用实股、驱动股、合伙人的激励方式。不同岗位及类型员工的激励方式如表6-1所示。

由于每种股权激励方式都有其优点，同时也有其不足，而现实中企业情况各不相同，要保证股权激励的效果和可行性，在选择激励方式时一定要考虑到激励对象的整体薪资水平和结构特点。另外，行权期限的长短设置也会增强或削弱激励的效果。如果目标过高，期限过长，会让激励对象感到遥遥无期，没有获得感，削弱激励满意度。如果目标过低，期限过短，可能导致激励对象只注重短期利益而影响企业的长期发展。所以，一定要从中找到一个平衡点才能实现最佳激励效果。

表6-1 不同岗位及类型员工的激励方式

分类	激励方式	分类	激励方式
高层	期权、期股、实股	忠诚度高的人	期股、驱动股
中层及优秀员工	期股、驱动股	有功劳的人	驱动股
能力强的人	期权、期股、驱动股	能力强、忠诚度高的人	实股、驱动股、合伙人
基层	驱动股或奖金		

合理的激励力度与年薪的关系：

从1～2年的短期来看，股权激励年收益一般为实施股权激励前个人年薪的30%。

从5～8年的长期来看，股权激励年收益一般为实施股权激励前个人年薪的50%～100%。

6.2 驱动股及其独特优势

6.2.1 什么是驱动股

驱动股是一套独特的股权模式，它本质上是基于蛋糕圈原理，对员工所创造的剩余价值和超价值的分配。什么是蛋糕圈原理？通常，在制作蛋糕时会先做一个蛋糕胚，蛋糕越做越大就是在蛋糕胚的基础上一圈圈扩大，这时就可以分蛋糕胚以外的圈层。据此原理，如果一个企业第一年产出100万元利润，第二年产出200万元，第三年产出300万元，第一年进来的人在第一圈，第二年进来的人在第二圈，后面进来的人在外面的圈层，要保障第一圈人的利益，也就是保障股东的利益，同时分做大的圈层的利益，只有蛋糕不断做大，外面圈层的人才能源源不断分到更多，这就是剩余价值和超价值分配的概念。

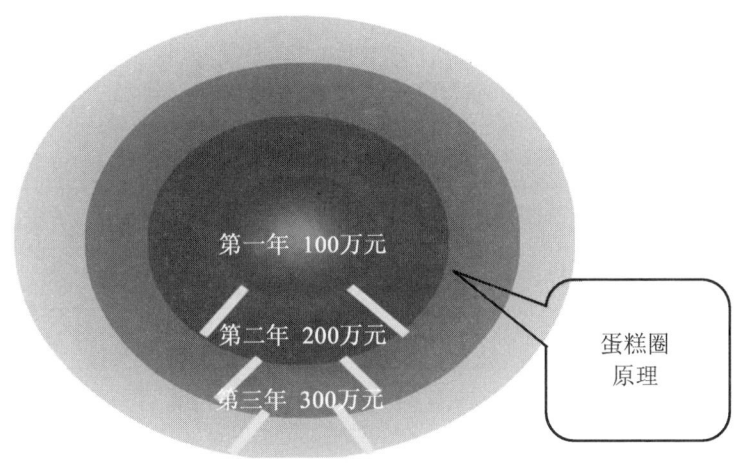

图6-1 蛋糕圈原理

6.2.2 驱动股的独特优势

从驱动股的分配原理上看，它解决了企业的一个核心问题——员工为谁而做？多数情况下，老板不要指望员工会为公司全力以赴，团队精神只强调互相协作，而非竭尽全力，员工只有真正为自己而做才更有激情和活力。驱动股的设计实现了员工投入资金，但不占有股权，与公司共同面对发展，同时让员工主动管控费用成本，关注企业利润与效益，可以留住核心人才，以一致目标激励团队争创佳绩，它是在实股、干股、期权之外的独特的股权激励模式。

对员工来说，在投资理财方面，银行定期收益大概在2%～3%，理财产品收益大概在4%～6%，股市和楼市等其他投资渠道的收益回报受外界影响因素太多,风险较大,且不可预期。若是创业,如果一个人创业就要独自承担风险,失败概率很高;如果相互合作创业,就要共同承担风险,各种矛盾也会浮现;如果投资在外部项目,可能会有信任风险;如果投资在企业内部与企业共同创业,因为有信任和合作基础,就能够共筑梦想。所以,驱动股的核心理念就是引君入股,共创未来(表6-2)。

对于企业来讲,常见的股权激励方式有干股、实股、虚拟股等,干股是不必实际出资就能占有公司一定比例份额的股份,参与分红。干股基本是没出钱,或者象征性出点钱。实股就是投入技术或按份额投入资金,然后按股分红。在股权的获得方式上有买、借和送,从激励效果来看,通常买比借和送要好,可为上策,借比送要好,为中策,送为下策,在具体操作中企业可灵活应用。

表6-2 创业有风险,投资需谨慎

投资		股权		创业	
银行	2%~3%	买	上策	自投	自担风险
理财	4%~6%	借(换)	中策	互投	互担风险
炒股	未知	送	下策	外投	缺乏信任
买房	未知	驱动股 引君入股,共创未来		内投	了解信任
放贷	未知			内部创业	共同梦想

驱动股的特点如下:

(1) 与干股比,它需要员工掏钱;

(2) 与实股比,它不占有公司股权;

(3) 与集资比,它的分配率是浮动的;

(4) 与干湿股相比,它不是权贵式股权,而是全民参与的平民式股权;

(5) 可以激励更多的员工投入公司发展。

基于价值共创、利益共享、风险共担的原则,驱动股具有以下独特价值:

(1) 与目标达成、超价值成果有关;

(2) 员工开始主动关注费用与利润;

（3）让员工更稳定、更有激情，降低流动性；

（4）帮员工存钱，不仅保值，做得好还能增值；

（5）给员工增加收入机会，也可以是一笔投资；

（6）让企业得到一笔再生资金，现金流更充足。

6.3 驱动股的设计操作

具体来说，驱动股的激励模式有两种，设计操作以案例来做说明。

6.3.1 驱动股激励模式（一）

该模式操作如下：

假设某母婴连锁企业，现有不同经营状态的门店 A、B、C（表 6-3），A 店一年净利润可以达到 50 万元，B 店一年净利润可以达到 5 万元，C 店现在年亏 5 万元，老板想让业绩好的门店做得更好，业绩差的门店扭亏为盈，所以想出来一个办法，让员工自行认领承包门店，员工会怎么选择呢？

表 6-3　某连锁门店经营情况示例　　（单位：元）

	激励新模式——驱动股		
	现在年利润	员工	老板
A 店	500 000	OK	NO
B 店	50 000	50%	50%
C 店	-50 000	NO	OK

一般情况，大家都会蜂拥着去 A 店，B 店可去可不去，C 店谁都不想去，这是员工的心态，对于老板来说，A 店一年赚 50 万元，还要和大家一起分，可能会犹豫，B 店就无所谓，C 店一定愿意包出去，因为双方的诉求不一致，最后肯定谈不拢。普遍的心态，要是把员工从一个业绩好的区域调到差的区域去，肯定谁都不愿去。一个店长很优秀，去一个差的区域试试看，能不能做得同样优秀？如果调到差的店去一样能够做得好就是真优秀。如何解决这个问题呢？应用驱动股的方式就可以让员工抢着去业绩不好的区域（表 6-4）。

表6-4 驱动股激励模式（一）示例

A店	门店总投入（万元）		现在年利润（万元）	2018年预测利润（万元）	员工投入回报与收益（万元）
			50	60	
存款人	70	员工存款比例	银行年利率	10	
	员工存款	30%	6%	30%	20%
店长	6.3	9%	0.38	0.90	1.28
店助A	4.2	6%	0.25	0.60	0.85
店员A	2.1	3%	0.13	0.30	0.43
店员B	2.1	3%	0.13	0.30	0.43
店员C	2.1	3%	0.13	0.30	0.43
店员D	2.1	3%	0.13	0.30	0.43
店员E	2.1	3%	0.13	0.30	0.43
合计	21	30%	1.26	3.00	4.26

比如A店，假设该门店的总投入是70万元，分配给员工30%的投资比例，让员工存钱进来，就需要员工拿出30%的资金，也就是21万元。根据岗位层级，店员、店助、店长投入的份额比例分别是1:2:3，如果一份是2100元，可以设定店员最多可以拿10份（即不超过2.1万元），店助可以拿10~20份（即2.1~4.2万元），店长可以拿20~30份（即4.2~6.3万元）。

可以给予较高的回报，让员工愿意把钱存进来，所得收益根据业绩浮动分配，实现增值。比如A门店盈利50万元，如果采取驱动股机制，假设次年利润做到60万元，即增加了10万元的利润，增值的部分就要分给员工30%。增值部分就是浮动部分，可以叫利益或者利润，这样员工投入的资金可以做到保值增值。总体算起来，投资回报的收益可能会达到20%，比外部创业风险低，也高于行业平均收益。而且增值的蛋糕做得越大，可分配的浮动利益部分就越大，就会吸引更多的员工把钱投入到公司。此外，员工把钱存了进来，会更关注销售、利润和成本，对企业和门店的主人翁意识会更强。

根据蛋糕圈原理，A店50万元是蛋糕圈第一层，60万元就是第二层，中间多出的 10 万元就是可分配的利润，C 店是亏的，负数起步，基础差，潜能大，增长的空间很大，可以分到的利益也更多，希望挣到更多的员工自然会争抢这个区域。

该模式设计操作要点如下：

（1）建立增长性利润目标并承诺达成目标。只有增长性利润才能进行超价值分配，如果达不到目标就只能保值。

（2）门店员工对自己门店的利润目标负责，总部员工则对公司整体利润目标负责。各个门店的员工只能投在自己门店，不能交叉投、跨区域投，总部人员要投所有区域，不能集中在某个区域，以免在工作中资源倾斜。

（3）按照店况、职位等投入收益金。

（4）每家门店必须包括店经理在内的 50% 以上员工参与，否则该店不实施。驱动股的目的首先是留人、留心，其次才是资金。

（5）以收益金的 10%～30% 作为分配比率，结合利润目标达成结果兑现奖励。

（6）要有协议作为保障。

6.3.2 驱动股激励模式（二）

驱动股模式（一）一适用于新店或业绩不好的店，因为起点低，爆发力强。模式（二）适合 3 年以上的老店，可以实现持续的利润增长，尤其适合想要快速发展但人员、资金都相对有限的企业。

该模式具体操作如下：

假设一家门店的总投入是 50 万元，公司投入 45 万元，员工投入 5 万元，也就是说，员工投资占比 10%，公司投资占比 90%，但员工投资不占股。该方案的目的是让员工成为门店未来的股东。

假设 2017 年该门店净利润是 8 万元，公司投资回收 5 万元，剩下的 3 万元作为分配利润，公司占比 90%，即 2.7 万元，员工占比 10%，即 0.3 万元。2018 年该店净利润 9 万元，公司投资回收 5 万元，剩下的 4 万元作为分配利润，因为做得比去年好，可以让团队多分 10%，即 0.8 万元。2019 年预估净利润 10 万元，公司投资回收 5 万元，剩下的 5 万元作为可分配利润，因为做得比去年好，员工分配占比可达 30%，即 1.5 万元。以此类推，后续年份的利润分配参考表 6-5，员工的投入没有变化，只要做得比上年好，就能分得更多，这样员工的积极性就能调动起来。

表6-5 驱动股激励模式（二）示例　　　　（单位：万元）

总投入	50		公司投入	45		员工投入		5
年份	现在年利润	投资回收	分配利润	占比	收益	员工占比	员工收益	备注
2017	8	5	3	90%	2.7	10%	0.3	①当本年度利润大于上年，员工可以获得当年多10%的分配利润；②当本年度利润小于上年，按比例分配；③当本年度利润小于2017年收益，无分配；④离职时按投入无息退还本金；⑤当投入资金回收到90%时，转为实有股份
2018	9	5	4	80%	3.2	20%	0.8	
2019	10	5	5	70%	3.5	30%	1.5	
2020	11	5	6	60%	3.6	40%	2.4	
2021	12	5	7	50%	3.5	50%	3.5	
2022	13	5	8	40%	3.2	60%	4.8	
2023	14	5	9	30%	2.7	70%	6.3	
2024	15	5	10	20%	2	80%	8	
2025	16	5	11	10%	1.1	90%	9.9	
合计	108	45	63		25.5	8年收入	37.5	

8年后，即2025年，公司回收的投资合计45万元，员工的收益占比越来越高，员工会越来越有奔头，这就是资本与人本的模式运作，这时可以转化为实实在在的股权。员工从投入10%的资金，经过8年的共同奋斗，可以拥有门店90%的股权，从而实现从经营权到所有权的过渡（注：时限的设定以3~8年为宜，时限太短认同感不够，太长影响激励效果）。如此运作，企业开店的速度会快很多，总部占有每个门店的股份，但都不是大股东，门店所有货必须从总部出，总部可以成立一个供应链公司。这种模式的设置可以让企业实现从慢走到快跑、从重资产到轻资产的质的飞跃。

该模式设计操作要点如下：

（1）当本年度利润大于上年，员工可以获得当年多10%的分配利润；

（2）当本年度利润小于上年时，按比例分配；

（3）当利润小于2017年收益，无分配；

（4）离职时按投入无息退还本金；

（5）当投入资金回收到90%时，转为实有股份；

（6）要有协议作为保障。

驱动股设计操作中很重要的一点是，员工投钱不占股，等级不同设置的标准也不同。原则上是否参与是最重要的,其次才是参与多少投入多少,在员工投下资金的同时留下员工的心。

企业在实施股权激励时要遵循其客观规律,进行必要的专业化操作。在安排股权激励制度时,不仅要建立激励机制,还必须建立相应的约束机制。此外,和其他股权激励方式一样,驱动股有进入机制,就必须有管理、转让和退出的机制。一般来说,进入容易,管理困难,转让更困难,退出难上加难。

企业的利润是员工创造的,员工的主要收入来自工资,员工在工作中要有快乐和激情,就需要有企业文化和目标设定,还需要有考核。工资从全绩效和动力源来,就是利益驱动,文化用积分打造,就是文化驱动,目标实现要靠驱动股,就是目标驱动,考核用全绩效,就是压力驱动,利润保障要靠预算,股权采取驱动股和合伙人方式,这就构成了一个企业的利益驱动图。

具体到企业而言,积分式、全绩效、动力源和驱动股、合伙人,这些不同的模块可以帮助企业解决不同层面的问题,不同的企业、不同的发展阶段、不同的定位、不同的岗位、不同的问题适用不同的模块,这些模块构成了企业赢利机制的系统解决方案。

第 7 章
合 伙 人

合伙人机制的核心在于通过利益的趋同让员工成为合伙人、让供应商成为合伙人、让客户成为合伙人，遵循剩余价值和超价值分配的蛋糕圈原理，讲求共同成长、共赴未来、共享收益。

7.1 人本为王：圈子经济时代来临

7.1.1 圈子经济时代来临

驱动股激励用到的是蛋糕圈原理，合伙人机制是在此基础上的延伸。对于企业发展来说，不是老板一个人在"战斗"，而是一个团队在奋斗，更广泛意义上说，不仅是一个团队在奋斗，更是一个圈子在爆发，因为每个人都生活在特定的圈子里，并在圈子里或多或少拥有一些影响力。因为有人，才能创造无限的可能，人本在企业越来越得到重视。从趋势来看，圈子经济正凸显其魅力，人本为王的时代将逐渐取代资本为王的时代，没有利益趋同，就没有思维的统一，所以强调人本价值的合伙人模式越来越受到青睐。

在圈子经济时代，企业要创造更大的效能，需要从某些层面进行开放式整合，整合的过程可能会比较痛苦。有两点很关键，首先是包容，就是老板要有开放的胸怀、包容的心态，要能够容纳可以共创价值的人；二是释放，就是不能把所有的利益都占为己有，而是充分地释放出去，吸引更多的人进来一起创造分享，把盘子做大了，大家都能分得更多，模式也会更好。

众所周知，华为长期以来坚持财散人聚的理念，建立了广泛的利益分享机制，创始人任正非只保留1.4%的股份，其余都与员工分享，把股份分光，把公司做大。华为所挣的每一分钱都是大家的，都是合伙人的。任正非从创业到将华为做成全国最大的非上市民营企业，虽然现在他仅持1.4%的股份，却掌管着一个年产值超2000亿元的民营企业帝国，可见其合伙人机制的重大效用。马云带着18个股东起家，现仅持有阿里7%的股份，却创造了中国商业史上的奇迹。他们两位是国内很多企业家的偶像、目标和奋斗方向。

以前做生意，如果总投资需要100万元，出资人通常按实际出资比例来做股份占比，但是未来，可能出大钱的人占小股，然后找能干的人合伙占大股。所以，这个时代老板需要转换思维，以更开放、包容的心态探寻更适合企业发展的模式，以谋企业的长远未来。

7.1.2 老板的价值链思维

任何事物的发展都存在着生命周期，企业也不例外。企业生命周期如同一双无形的手，左右着企业发展的轨迹。数据显示，世界500强企业平均寿命为40～50年，日本与欧洲企业的平均寿命约为12.5年，美国只有2%的企业能存活50年，在中国，10%的企业可存活20年，62%的企业不到5年，平均寿命为7～8年，而民营企业的平均寿命仅有2.9年，且生存超过5年的不到9%，超过8年的不到3%（图7-1）。

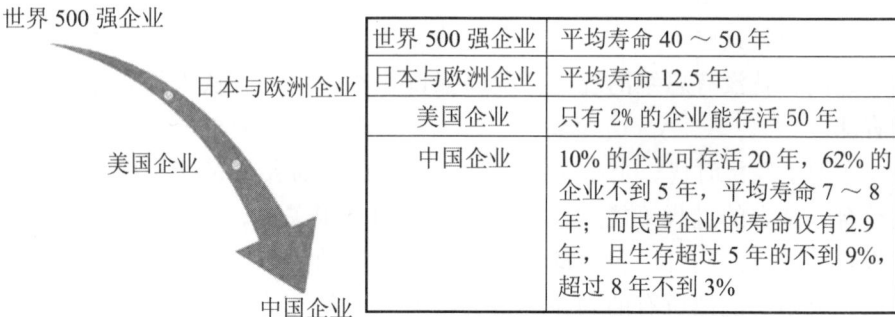

图7-1　企业的生命周期

为什么中国民企的平均寿命只有2.9年？

国内民企通常规模小，发展速度快，一般三年是个坎儿，嗅觉灵敏、捕捉市场变化的能力强是它的优势，但是缺乏体系和机制，员工稳定性比较差，流失率比较高，也是它明显的劣势。这些企业普遍存在的情况是员工就是为老板打工的，这种思维造成的实际情形是老板在为员工打工，因为老板没有扮演好自己的角色，同时没有处理好企业与员工的关系。这些老板大都起早贪黑，恨不能一年365天，一天24小时，每时每刻都在公司忙活，一年到头只是勉强让公司生存了下来而已。

那么，老板究竟应该如何定位自己的角色？在企业发展的不同阶段，老板所处的角色定位是不一样的，所以需要随着企业的发展不断调整自己的定位，总的来说，老板需要从人、环境和机制这三个层面定位自己的角色。首先在用人上，老板最重要的事情是要选对人才，搭建好班子，并且不断优化企业的组织架构，其次在环境上，老板需要构建良性向上的企业生态，打造美好的愿景，为所有员工创造能够充分发挥自身能力的事业平台。此外，在机制上，要逐步形成公司治理模式、完善的激励机制和战略发展模式。通常，一个企业70%机制是老板定的，30%的制度是团队定的。

老板价值链思维之一：

无法给予员工未来价值的，必然要付出更高的当下代价。

所谓的当下代价是什么？比如说，在企业里，如果不能许以员工未来，他们可能工作了两年、三年就会离开，员工离开之后，辛辛苦苦培养的人才去为别人服务了，甚至可能成为你的竞争对手，这就是代价。

很多时候，企业缺的不是客户，而是能够为客户提供卓越价值的员工，如果想让员工全力以赴，就必须全方位为员工考虑。企业需要给员工创造未来的价值，协助员工制定在企业的职业生涯发展规划，让员工能够清楚看到个人未来的发展方向以及伴随企业发展和成长自己所能获得的物质或精神层面的激励，促使员工用自己的智慧和努力持续为企业创造价值，并把个人发展与企业的长期发展紧密联系在一起。

一个企业如果缺乏远景规划和员工发展规划，或者说老板缺乏一种给员工描绘未来蓝图的能力，在看不到公司未来的希望、想不到公司未来是什么样子、也看不到自己未来在企业的发展方向的情形下，员工自然会寻找新的工作环境，企业就必然要承担由此带来的高昂代价。

老板价值链思维之二：

企业要实现利益最大化必须实现员工价值最大化。

在目前的商业环境中，企业取得成功的关键在于拥有怎样的团队、在于团队员工是否有统一的方向和愿景、每个员工是否有清晰合理的定位、员工之间是否相互信任、通力合作。员工的价值实现就是员工在最适合自己的岗位上实现价值的最大化。职责明确，分工合理，奖罚分明，能够让员工实现岗位价值最大化，也就是员工个人价值最大化，从而实现企业整体效益最大化。如果不能实现员工价值最大化就不可能实现企业利益最大化。

老板价值链思维之三：

企业要想赚大钱、谋发展必须先让员工赚到钱有发展。

大部分员工,在一个企业工作一段时间以后,如果没有特别的原因,一般不会考虑更换工作,所以员工流失总是有原因的,虽然员工流失的原因是多方面的,但是薪酬待遇是其中非常重要的因素。有调查显示,薪酬待遇问题是员工决定是否离职时所要考虑的首要因素,薪酬待遇高,可以抵消其他很多方面的不足。所以,如果员工在企业没有赚到钱、得到发展,就没有动力和激情为企业赚大钱谋发展。

员工绩效不够好,不要抱怨员工无能,而是要好好检讨自己。应该反思企业是否建立了规范的制度和流程、标准,是否会有计划地培养员工、并授权员工锻炼其能力,是否建立了优胜劣汰的竞争机制。

身为领导者,要让管理回归简单。企业对员工价值管理有三大法则,一是以结果来衡量价值,二是以效果来交换价值,三是以利益来驱动价值。从本质上来讲,企业与员工之间,没有绝对的忠诚,只有永远的利益、永恒的价值,企业与员工的关系靠共同的利益和价值观才能得到持续并维系。企业需要忠诚、有能力的员工,业务才能进行,才能得以生存和发展,而员工必须依赖企业的平台才能发挥自己的聪明才智,实现自己的价值和理想、获得丰厚的物质保障。只有企业成功了,员工才能成功,企业和员工之间一荣俱荣、一损俱损,是相互依存、相互信任的合作伙伴关系。这种关系的最佳状态是员工与企业共同成长,员工成长能为企业发展贡献更大的力量,企业实力壮大又能为员工提供更好的发展平台。

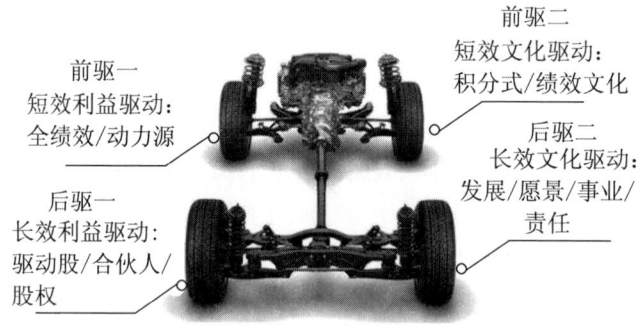

图7-2 企业发展的四向驱动

企业发展需要有四向驱动:前驱一是短效利益驱动,主要通过全绩效和动力源实现,前驱二是短效文化驱动,主要通过积分式和绩效文化来实现;后驱一是长效利益驱动,主要通过驱动股、合伙人和股权来实现;后驱二是长效文化驱动,主要指发展愿景、使命责任,具备了这四向驱动,企业就能够在激烈竞争的市场环境中立于不败之地。如图7-2所示。

四向驱动完美地诠释了企业发展与员工的关系,从不同角度构建了两者利益的统一。为了实现企业的盈利目标、获得利润倍增,同时成就员工的自我价值,获得薪酬福利持续增长,使企业和员工能够为了共同的事业努力拼搏,基于利他共赢的原则,完善的企业薪酬架构体系应该兼具短期激励、中长期激励和长期激励(图7-3)。

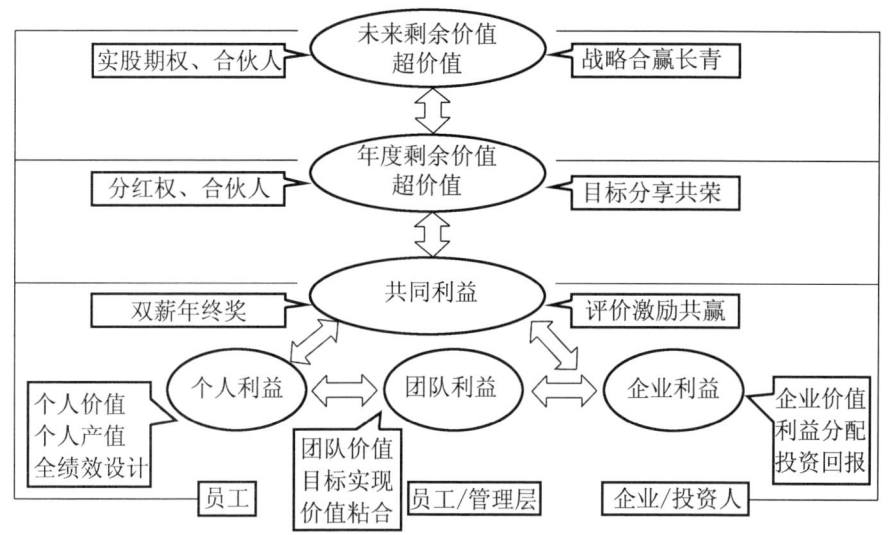

图7-3 企业整体薪酬架构体系

未来剩余价值和超价值是通过年度剩余价值和超价值达到共同利益点,这个共同利益点融合了个人利益、团队利益和企业利益。根据这个共同利益点,员工应该有个人价值、个人产值、全绩效设计,员工和管理层需要关注团队价值、目标实现、价值粘合,企业和投资人要看到企业价值、利益分配、投资回报,所有这些就构成了企业利益链,企业必须平衡这些关系。老板究竟应该如何分钱呢?老板分多了,员工就少了,员工分多了,老板就少了,所以,就形成了这样的思维,用实股期权、合伙人给未来,即战略合赢长青的概念,用分红权、合伙人给现在,形成目标分享共荣,用双薪年终奖构成评价激励共赢规则,达成短期激励。这里强调价值粘合,即要创造剩余价值和超价值,如果没有剩余价值和超价值,蛋糕圈不能做大,一切就是空谈,因此,老板要有价值链思维,将共同利益及其分配与员工形成思维上的统一。

7.2 内部合伙人

7.2.1 几则小故事的启发

先来看看下面的小故事：

猎人与猎狗的故事

（一）为不同的目标而跑

一条猎狗将兔子赶出了窝，一直追赶它，追了很久仍没有捉到。牧羊人看到此种情景，讥笑猎狗说："你们两个之间个头小的反而跑得快得多。"

猎狗答："你不知道我们两个奔跑的目的是完全不同的，我仅仅为了一顿饭而跑，它却是为了性命而跑呀！"

（二）捉大兔子还是小兔子

这句话被猎人听到了，猎人想：猎狗说得对啊，那我要想得到更多的猎物，得想个好法子，于是，猎人又买来几条猎狗，规定凡是能够在打猎中捉到兔子的，就可以得到几根骨头，捉不到的就没骨头吃。这一招果然有用，猎狗们纷纷努力去追兔子，因为谁都不愿意看着别人有骨头吃，自己没得吃。

这样过了一段时间，问题又出现了，大兔子非常难捉到，小兔子好捉，但捉到大兔子得到的奖赏和捉到小兔子差不多，猎狗们善于观察，发现了这个窍门，专门去捉小兔子，慢慢的，大家都发现了这个窍门。

猎人对猎狗说："最近你们捉的兔子越来越小了，为什么呢？"

猎狗们说："无论捉大兔子还是小兔子得到的骨头反正没什么区别，为什么费那么大的劲去捉那些大的呢！"

（三）长期的骨头

猎人经过思考后，决定不将分得骨头的数量与是否捉到兔子挂钩，而是采用每过一段时间，就统计一次猎狗捉到兔子的总重量，按照总重量来评价猎狗，决定一段时间内得到的待遇。

于是猎狗们捉到兔子的数量和重量都增加了,猎人很开心,但是过了一段时间,猎人发现,猎狗们捉兔子的数量又少了,而且越有经验的猎狗,捉兔子的数量下降的就越厉害,于是猎人又去问猎狗。

猎狗说:"我们把最好的时间都奉献给了您,主人,但是随着时间的推移我们会变老,当我们老到捉不动兔子的时候,您还会给我们骨头吃吗?"

(四) 没有味道的骨头

猎人做了论功行赏的决定,分析与汇总了所有猎狗捉到兔子的数量与重量,规定如果捉到的兔子超过了一定的数量后,即使捉不到兔子,每顿饭也可以得到一定数量的骨头,猎狗们都很高兴,大家都努力去达到猎人规定的数量。

一段时间过后,终于有一些猎狗达到了猎人规定的数量,这时,其中有一只猎狗说:"我们这么努力,只得到几根骨头,而我们捉的猎物远远超过了这几根骨头。我们为什么不能给自己捉兔子呢?"于是,有些猎狗离开了猎人,自己捉兔子去了。

(五) 骨肉分享

猎人意识到猎狗正在流失,并且那些流失的猎狗像野狗一般和自己的猎狗抢兔子。

情况变得越来越糟,猎人不得已引诱了一条野狗,问他到底野狗比猎狗强在哪里?

野狗说:"猎狗吃的是骨头,吐出来的是肉啊!"接着又道:"也不是所有的野狗都顿顿有肉吃,大部分最后骨头都没得舔,不然也不至于被你诱惑。"

于是猎人进行了改革,每条猎狗除了得到基本骨头外,还可获得其所猎兔肉总量的 $n\%$,而且随着服务时间加长,贡献变大,该比例还可递增,并有权分享猎人总兔肉的 $m\%$。

就这样猎狗们与猎人一起努力,将野狗们逼得叫苦连天,纷纷强烈要求重归猎狗队伍。

这则小故事寓意深刻,生动地告诉我们激励机制的重要性,让我们看到团队及个人的产量、产值、激励方式及其效果、年终奖和股份的关系。

在人本为王的时代里,资本的光环正在逐渐褪去。即使企业用很高的薪水雇用能力很强的人,他可能迟早还是会出去自己干。企业要想留住优秀人才,一般可以从分、钱、股几个角度思考,分就是用积分打造的快乐文化,它可以让员工开心地投入工作并享受工作,钱就是收入、报酬,它让员工的生活得到保障,个人价值得以变现。股就是股权激励,许以未来,让员工更有激情。此外,还要有福利和其他激励,这些都需要企业付出成本。留人固然很重要,但如何让留下的人创造更高的价值?就需要建立相应的激励机制。在合伙人机制中,员工不是单纯的打工者,而是企业的主人,由于角色的转变,员工更愿意付出,因为这样的付出和自己的收益直接相关,从而根本上改变了企业的人效。

7.2.2 什么是合伙人

合伙人的出现,打破了资本说了算的传统决策模式,让创始人、合伙人成为掌控企业发展方向的核心决策人。从原来的人为资本打工转变为如今的资本为人打工,这在制度层面说明了,智慧比资本更重要。

每个企业都希望征用员工的资源、智慧、能力,经营员工的思维、激情,最终实现经营共同的梦想与事业,那么,如何实现呢?在华为,任正非有1:1:1的思维,1:1:1即工资:奖金:分红,他曾说我从不在企业困难的时候邀员工入股,在企业发展越来越好的时候,我请员工入股分享企业经营成果。华为员工入股第1年分红率达70%,这么高的分红率让员工觉得有奔头。华为从1995年开始发行内部股票,但是公司没有支付一分钱现金。

归根结底,企业可以给到员工的真正的职业规划,是从给员工增加收益到利用利益与价值做推动,通过合伙人机制最大化激发员工潜力,并使公司治理结构趋于稳定。根据剩余价值分享模式的蛋糕圈原理,股权激励适用于创业者/亲近者,合伙人模式适用于管理

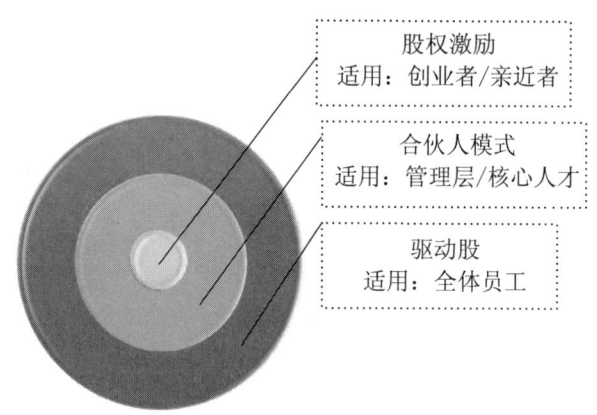

图7-4 剩余价值分享模式图

层/核心人才，驱动股全体员工，如图7-4所示。

有些企业想做股权激励，但有所顾虑，一般来说，担心的主要风险如下：

（1）坐享其成——如果回报高，员工没有创造力怎么办？

（2）回报存疑——如果回报低，员工不愿意投入怎么办？

（3）失控风险——老板会失去对创始企业的控制力吗？

（4）诚信风险——数据不透明、利润不准员工看，员工能信任吗？

（5）操作风险——如何退出才灵活并且相互保全？

（6）经营风险——财务不规范、经营信息不方便公开怎么办？

（7）法律风险——税前净利润数据要公开吗？

（8）效果风险——做股权激励未必能激励到人怎么办？

那么，什么是合伙人？一般意义上，合伙人是指投资组成合伙企业，参与合伙经营的组织和个人。在法学中，合伙人是一个比较普通的概念，通常是指以其资产进行合伙投资，参与合伙经营，依协议享受权利，承担义务，并对企业债务承担无限（或有限）责任的自然人或法人。

从外延上看，合伙人还有以下含义：

（1）与人合作经营一种企业、生意或参与同一活动的人，一起工作的人；

（2）与他人共同从事任何活动的人；

（3）以营利为目的共同经营某项事业而合伙的人；

（4）另一个人合作或协助他执行任务或为他服务的人；

（5）同伙，作为共享者而与他人联合的人。

从合伙人与企业的关系上做界定，合伙人可以分为内部合伙人和外部合伙人，这一节中我们讲的合伙人都是内部合伙人。

阿里巴巴对合伙人的定义是：作为公司的创建者、经营者、企业文化以及股东利益的载体，合伙人是最有可能坚持公司的使命，坚持长期为客户、雇员和股东创造价值的人。阿里巴巴合伙人被选举的条件诸如：在阿里任职5年以上，拥有出众领导能力，强烈认同公司文化，主动为公司发展作出贡献，愿意承载公司使命、前景、价值等等。

由此可见，合伙人首先一定要有共同的价值观，拥有共同的价值观才能共同创造更高的价值，若是不能同心同欲，就不可能同发展，其次是有共同的目标、愿景和使命，共同的梦想让大家孜孜以求，不达目标誓不罢休。

7.2.3 合伙人与股东的区别

简言之,合伙人,就是合伙一起经营的人。股东就是公司的出资人或投资人。两者本质上分别代表了人本和资本。对于股东,拥有企业所有权,采用的是剩余价值和分蛋糕原理,合伙人具有企业的经营权,采用的是剩余价值和超价值的蛋糕圈原理。前者的分蛋糕原理是一个蛋糕拿出来切,后者的蛋糕圈原理则是蛋糕做大了,在外面的圈层分。股东讲的是净利润,合伙人讲的是毛利润。如表 7-1 所示。

特别值得注意的是,受控于传统思维与相关法规,对股东的管理方式非常有限,而合伙人却可以考核、晋升、终止甚至开除,而且在退出机制上,股东比较难,但是合伙人却比较容易,设定条件即可操作。总的来讲,合伙人机制更为灵活、可控、适用性更强。所以,未来的趋势是合伙人模式,因为充分挖掘人本价值,更具有融合性、共赢性、爆发性,在某些领域,人本或将超越资本,合伙人大会高于股东大会。

表 7-1 股东和合伙人的区别

本质区别	股东——所有权	合伙人——经营权
价值取向	注重资本的价值	发掘人本的价值
分享基础	投资金额	价值贡献
参与对象	亲属、亲密者	中高层管理者、核心人才
分配来源	税后净利润额	可以自我设定,如初利、毛利润等
财务风险	公开真实利润报表	可以不涉及利润报表,隐藏特别数据
操作便利	资产评估、占股比例、股权协议、利益与风险	不需要资产评估,可以灵活设定分配占比
管控要求	管理手段贫乏,受控于传统思维与相关法规	可以考核、晋升、终止、开除
退出机制	比较难	比较容易,设定条件即可操作
价值透析	企业得到资金	企业得到价值、资源、潜力
落地难度	企业盈利大,老板不愿意;企业不盈利,员工不乐意	无论企业处于何种发展阶段,都可以设计合伙人模式
未来趋势	合伙人模式更具有融合性、共赢性、爆发性,充分挖掘人本价值,在某些领域,人本或将超越资本,合伙人大会高于股东大会	

股东、合伙人相关的四种权力如下：

分红权——分享净利润、超价值；

增值权——分享资产增值；

表决权——合伙人大会、股东大会；

所有权——对公司主体、剩余价值、资产、品牌具有所有权。

一般情况下，股东（所有者）拥有增值权和所有权，合伙人（经营者）拥有分红权+表决权。

7.2.4 合伙人模式的价值

通常，适合中小微企业的股权模式一是期权，就是员工未来可以得到的股权，二是契约股，即纸股，通过一纸约定让员工成为股东（契约股签合约可代持），这两种股权模式是让员工投资入股共同经营企业或者让员工成为未来的股东，都可能会存在一些风险。

合伙人模式也有两种形态，非持股合伙人和持股合伙人，非持股合伙人在特定条件下可以转化为持股合伙人，持股合伙人采取增量分享和存量分享并存的原则，非持股合伙人采取增量分享的原则。

这里所讲的合伙人模式主要是非持股合伙人模式，是让员工掏钱参与经营，却不占股份，企业经营是大家的，股权归属是老板的，这种模式能够快速让员工参与进来，共同发展企业，共享未来成果。原则上，成为合伙人一定是要掏钱的，因为只有愿意把钱掏进来，才会把心交到一起，同甘苦，共患难。掏多掏少，没关系。当然，也有不掏钱的情况，比如技术入股或具备某项特别才能等。因为作为合伙人的员工分享的是超价值利润，老板也不用担心员工拿着股权不作为。

这种模式可以为企业带来四个方面的价值：

一是留人，把核心人才留下来，这是合伙人模式的核心目的；

二是投钱，员工投钱才会更有参与感，员工不出钱的模式，价值一定不高；

三是价值，分享的是超价值利润，不能坐享其成，要的是贡献高价值；

四是团队，股东是个体，合伙人必须是团队，团队同心，其利断金。

综上，合伙人机制最大的价值在于它的激励作用，可以规避前文中提到的股权激励模式常见的诸多风险。在没有实施合伙人机制的企业中，无论员工干得多好，岗位晋升得有多高，永远都只能是一个职业经理人，无法成为企业的所有人（即使有奖励股份，数量也很少）、激励作用有限，员工的动力也有限。而在合伙人模式中，只要员工能够提供足够的价值，给企业带来足够多的利益，就可以成为合伙人，进一步变成企业的股东、所有者，从而参与企业的超值利润分享，能够最大限度激发员工的创造性和主动性。

7.2.5 合伙人模式的设计

1. 股权最重要的6条生命线

因为不合理的股权模式设计可能会让企业陷入危局，所以，我们在进行股权激励或分配之前一定要牢记股权最重要的6条生命线：

（1）67% 拥有公司完全控制权（有权修改公司的章程、增资扩股）；

（2）51% 拥有相对控制权（对重大决策进行表决）；

（3）34% 拥有一票否决权；

（4）20% 拥有界定同业竞争权利；

（5）10% 可以申请公司解散（若公司经营发生严重困难，继续存续会使股东利益受到重大损失，可申请解散公司）；

（6）5% 核心股东（其行为能对上市公司实施一定影响）。

2. 股权设计的顶层思维

在企业经营中，有投资者、经营者、管理者和操作者四种角色，股权的顶层设计就是转换经营者和管理者的角色和定位。

股权激励是让员工先成为投资者（员工要投钱），再以投资者身份承担经营者的责任；

合伙人模式是让管理者先成为经营者，实现经营者与投资者责任利益分开，将来可发展为投资者。

3. 合伙人模式的五大创新

（1）蛋糕圈原理——从分蛋糕到做大蛋糕；

（2）增量共享——从剩余价值分配到创造超价值；

（3）人本为王——从资本到人本，以价值决定回报；

（4）两权分立——从经营权到所有权，步步为营；

（5）利益趋同——从单个（个人）利益到团队共同利益。

4. 合伙人设计方向

（1）最强大的经营模式：人本＋资本；

（2）合伙人面对的成果是超价值；

（3）合伙人要对自己的贡献负责；

（4）合伙人可以晋升、终止、开除；

（5）合伙人大会（议会制）取代股东大会（份额制）；

（6）合伙人推动企业发展、支持企业变革；

（7）合伙人是一个决策、经营、执行的跨界团队。

5. 合伙人与股权操作设计上的区别

合伙人：

（1）不承担经营风险；

（2）根据价值贡献进行多次利益分配；

（3）灵活的退出、晋级制度；

（4）通常与法律风险无关；

（5）可以忽视关联性低的成本、费用；

（6）注重自身价值、人脉、资源。

6. 合伙人模式设计的"9定原则"

即定目的、定模式、定对象、定数量、定价格、定时间、定来源、定条件、定机制。

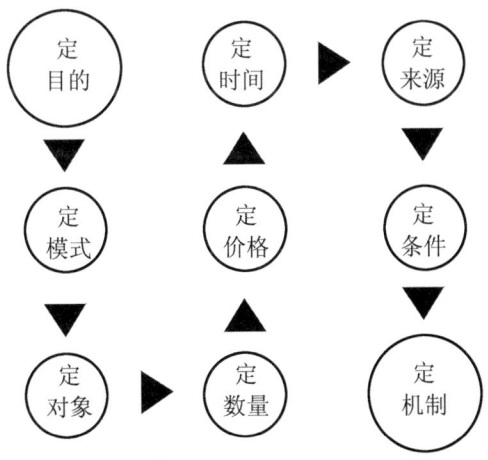

图 7-5　合伙人模式设计的"9定原则"

下面以一家零售企业为例,根据合伙人设计的"9定原则"来为其做模式设计。

首先,该企业组织架构图如图7-6所示:

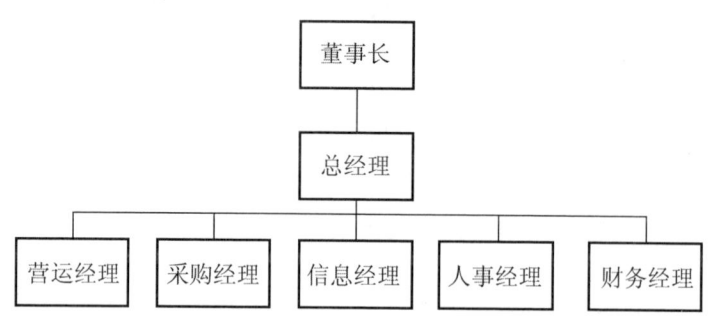

图7-6 某企业组织采购图

该公司现有5家综合门店,2018年计划再开两家门店,门店归属营运经理管辖。门店经营情况如表7-2所示。

表7-2　　　　　　　　　　　　　　　　　单位:万元

项目	已开门店,实际数据					计划开店,预算数据	
	A	B	C	D	E	F	G
经营时长	36个月	28个月	20个月	13个月	8个月	2018.5	2018.9
投资额	1000	1200	800	1100	1500	1200	1600
员工人数	50	60	40	50	70	60	70
店长	1	1	1	1	1	1	1
中层干部	6	7	5	6	8	7	8
2016年营收	7000	8000	3000	5000	4000		
2016年利润	420	450	100	10	-200		
2017年营收	8000	7000	4000	4000	5000		
2017年利润	490	380	190	-180	20		
2018年预计营收	9000	6500	5000	3500	6000	2500	2000
2018预计利润	550	350	300	-200	200	50	-100

原则一：定目的

（1）提升业绩、降低代理（经营）成本；

（2）吸引人才，留住人才；

（3）调动员工积极性，增强公司团队凝聚力；

（4）各方利益最大化；

（5）发挥主人翁精神；

（6）公司可持续发展。

注：企业可以根据实际需要增加其他目的。

原则二：定模式

确定了目的之后，可根据目的选择合适的模式。选择模式时要注意以下要素：

（1）面向未来和发展；

（2）自愿/保障/分享；

（3）增量价值、共同利益；

（4）激励与约束相结合；

（5）按人本、资本分配；

（6）个人与团队价值最大化。

注：每家公司的合伙人模式是不一样的。

原则三：定对象

确定模式之后，要确定哪些人可以成为合伙人，起初门槛不要太高（比如是10万元每份还是1万元每份，前者门槛太高，参与进来的人会少），要可进可出。

（1）决策层：公司经营发展的领头羊，可以考虑优先作为持股合伙经营者；

（2）管理层：各经营单元、职能部门的管控者与执行者，可根据预设价值考虑份额；

（3）骨干层：从历史贡献、技术能力、核心层次等方面考虑适当吸纳，但要考虑充分的依据性，以确保公平性。

这三个层级可以是 6∶3∶1 的比例，高管占的比重要大，基层要少一些。

原则四：定数量

（1）定总量：总份数是多少？增量分红比例如何定位？假设总份数是

150份，每年增量分红的比例是按30%的回报率还是50%的回报率，要做定位。

（2）定分量：即不同层级、岗位的准合伙人的购置份数的设定；一般职位越高、进来越早、岗位越核心的人份数越多。

定数量设计思路是将管理层区分类型、层次，设定对应的预设价值份，以倍数确立基础资格分。比如，对于前面某零售企业的合伙人模式的定数量设计思路见表7-3所示。

表7-3 定数量设计思路

层次	总份数	对应职位	预设价值份（出钱）资本	年度基础资格分（贡献）人本
决策层	总份数38，占25.33%	董事长	20	40
		总经理	18	36
经营层	总份数20，占13.33%	营运经理	10	20
		采购经理	10	20
执行层	总份数42，占28%	店长	5～7	10～14
		7人	依据规模、贡献	
支持层	总份数28，占18.67%	人事经理	6	12
		财务经理		
		信息经理		
		核心人才3人	3～4	6～8
	预留22份，第一轮共150份			

总份数是150份，分成决策层、经营层、执行层和支持层，预留22份，决策层对应的职位有董事长和总经理，分别是20份和18份，一共38份，占总体的25.33%，经营层对应的是营运经理和采购经理，分别是10份，一共20份，占总体的13.33%，执行层是店长，有5～7位，各6份，总份数是42份，占28%，支持层对应的是人事经理、财务经理、信息经理和核心人才，所占的总份数和经营层接近。各岗位大家可以自行设定。营运部门和采购部门直接跟运营成果直接挂钩，份数可以多一点。拥有5份，

就要贡献10份价值出来，拥有10份，就要贡献20份的价值出来，总之，贡献的人本价值应是双倍的。在分配上这里跟大家讲一个简单的比例，即3:6:1，总监级以上的人占3成，经营层一般占6成，执行层占1层。如果执行层是1份，中间是2～3份，高层是3～5份。要注意，每家公司由于架构不同，职位不同，结果也会不同，要结合经营成果去核算，测算回报。

原则五：定价格——合伙金

即合伙金每份可以设定多少钱。

（1）确定分配基础，可以是税后净利润、营业利润、初利、增利等；

（2）预算增量值（要让员工认可），增量值＝预算值－基值（盈亏平衡点）；

（3）提取增量分享比例，通常为10%～30%（这里需确定是按毛利润还是净利润，区别在于是否减去经营成本，比例要做测算），如：毛利润150万元（可按20%或10%提取），净利润100万元（可按30%提取）；

（4）定位分红率，通常为30%～50%（若太高会有风险，太低会没有吸引力）。

合伙金测算示例：

假如以利润为分配基础（不含新店）：

2017年利润基值＝900万元

2018年利润目标＝1200万元

增量利润＝300万元

预计从增量利润中提取20%作为第一轮分配红利＝60万元

第一轮共计150份，每份预计分红＝4000元

由于目标定位属于中偏上，锁定投资分配率为50%，因此每份投入合伙资金＝8000元。

完成150份合伙人份额，可获得120万元。（利润增量是300万元，180万属于原始股东）

原则六：定时间

（1）设计规划：一年一轮。三年之后普通合伙人可以晋升为金牌合伙人，再过三年可以晋升为终身合伙人，年限和称谓企业可自行设定；

（2）合伙人计划：通常以2～3年为限，逐步晋升为股东；

（3）未来归宿：达到时间节点或经营目标后，将一些有贡献的合伙人逐步发展为持股合伙经营者。

定时间设计思路：

将管理层区分类型、层次，设定对应的预设价值份，以倍数确立基础资格分。

表7-4 定时间设计示例

层次	总份数	对应职位	预设价值份（出钱）资本	年度基础资格分（贡献）人本
决策层	总份数38，占25.33%	董事长	20	40
		总经理	18	36
经营层	总份数20，占13.33%	营运经理	10	20
		采购经理	10	20
执行层	总份数42，占28%	店长	5～7	10～14
		7人	依据规模、贡献	
支持层	总份数28，占18.67%	人事经理	6	12
		财务经理		
		信息经理		
		核心人才3人	3～4	6～8
	预留30份，第一轮共150份 第二轮 第三轮			

原则七：定来源

可以买、借或者送，首先要解决信任、价值、分配（利益）关系。

（1）自筹资金；

（2）股东无息或有息借款；

（3）由公司担保向银行贷款。

注：分阶段投入按分阶段投入的节点来计算，原则上可买、可借，但是不送。买是100%投入，年初把钱投了进去，分配利润即算整年的收益，借是从当年12个月的工资里扣，平均起来是7月才交钱，分配利润时要乘

以 50%。

原则八：定条件

确定考核、分配方式，即员工在何种条件下可以获得分红？

（1）设定考核指标（分值）；

（2）设定利润目标（以平衡点为基础、预算目标）；

（3）设定在岗条件（调动、离职）；

（4）设定不可抗力（破产、风险等）。

表7-5 考核条件设置示例

类别	考核项目	数值	平衡点分值	奖扣分细则	考核周期
经营目标类约占60%	利润额	150万元	10	每20万元加减1分	季/年
	销售收入	1000万元	7	每200万元加减1分	季/年
	可控变动费用率		3	每1%加减1分	季/年
管理价值类约占40%	按计划开出两家新店		5	逾期未开，每店迟2个月扣1分。达到年度利润目标，每店加3分	年
	人创绩效		3	每2000元加减1分	季/年
	质量体系文件		3	全年目标实现，测评为优的，加1分。若未完成，根据达成比例扣1~3分	年
	体系制胜落地试行达标		3	指定岗位实现落地，运行状况达到要求，加1~3分。若未按要求完成，未达期望的，扣1~3分	年
	安全生产，无重大消防与生产、顾客投诉事故		2	中型事故每起扣1分。严重事故每起扣2分。全年零大、中事故加1分	季/年

以贡献价值作为分配依据示例：

假设实际达成增量值为利润250万元，每份实际可得分红为3333元，

（250/150×20%）。

每份的平均收益率=41.67%，但实际分配时，以价值分为依据。

例如：第一轮合伙人的总分值为400分，总经理个人的价值分为90分，而人事经理的价值分假设为13分，则：

总经理实际分红=500 000÷400×90=112 500（元）

个人收益率=112 500÷（18×8000）×100%=78.13%

人事经理实际分红=500 000÷400×13=16 250（元）

层级分开：

表7-6　各层级分配占比图

层次	总份数	占比	对应职位
决策层	总份数38		董事长
			总经理
经营层	总份数20		营运经理
			采购经理
支持层	总份数28		人事经理
			财务经理
			信息经理
执行层	总份数42		核心人才3人
			A店长
			B店长
			C店长
			D店长
	第一轮共150份 预留22份		

原则九：定机制

退出与激励机制：

（1）年中退出是否有补偿？

（2）是否需要承担经营风险？

（3）特殊情况下的中止、开除，需要承担何种责任？

（4）拟订加扣分激励规则。

◆ 中途有合伙人退出怎么办

增量分配率的"定量"与"变量"

例如：

定量：按增量值的20%提取分红额。

变量：根据150份的合伙人份额及增量值的20%提取分红额。若中途有合伙人退出，或约定合伙人年轮期到达时有合伙人终止资格，年轮内合伙人的合计份数未达到150份，可以按实际份数核定增量值的分配率。

◆ 明确终止、退出机制

①实行季度考核、年度核算（季度目标来源于年度目标的分解）。若连续两个季度都不能达到季度基础资格分的，或当年得分低于年度基础资格分的即可终止合伙人资格。

②若当年实现利润额低于去年基值或指定目标的，取消所有合伙人的分红权，按出资额给予合伙人利息补偿。

③若合伙人分红率低于利息补偿水平的，按利息补偿执行。

◆ 加分项

设定特别加分项、扣分项，必须属于公共分值，对企业发展具有重大意义，以强化对合伙人的价值挖掘及相关约束。比如：

①通过自身的资源，为公司引进一名店长、部门经理，经试用合格并上岗的，奖励1分/人（不含人力资源部的招募）。

②为公司寻找到新的店址、支持深入谈判，经评估达到中上标准，并签订租赁合作协议的，奖励1分/店（不含新店扩展部）。

③为公司引进新的合作项目，预计年实现利润不低于100万元的，奖励2分/项（不含公司正在跟进的项目）。

④为公司引进投资资金达100万元以上的，奖励1分/100万元（不含融资机构及利用公司资源的）。

⑤举报员工严重贪腐行为，涉案金额在5万元以上的，奖励1~2分/起。

◆ 扣分项

①有严重贪腐行为、涉案金额超过1万元的，立即开除合伙人资格。

②利用公司平台、资源，在外兼职或与他人合伙经营企业，未向公司

申报批准或可能影响公司利益的，中止合伙人资格。

③当年有重大失职渎职行为的，每次扣1～3分。造成公司严重损失的，可加倍扣分。

④有公司指定核心人才流失的，对直接领导及分管领导各扣1分/人、0.5分/人。

7. 股权、合伙人模式激励设计的八大要求

(1) 公平性：参与对象，配置份额；

(2) 共赢性：合理定价，回报吸引；

(3) 激励性：创造力，贡献超价值；

(4) 灵活性：退出机制，分配弹性；

(5) 保障性：风险保障，基础回报；

(6) 约束性：在职股权，交易规则；

(7) 持续性：发展定位，持续价值；

(8) 合法性：协议约定，合法操作。

总体而言，在进行合伙人模式设计时一定要坚持九定原则、符合八大要求，但是具体如何操作企业需结合自身实际，综合其他股权激励模式，做到因人而异，因地制宜。

7.2.6 合伙人机制（虚拟受限股）案例

某连锁企业，店面数量增加导致区域经理无法做到每个店都很上心。同时，公司高层也为一系列的门店发展问题困扰，如：

- 店面员工工作散漫，责任心不强；
- 大店和小店、新店和老店、好位置和差位置等难以平衡；
- 优秀员工存在自主创业的潜在性。

【思路解析】

根据该公司的现实情况与发展规划，将店面自身的经营状况与地理区位形成交叉，进而得出分类明细。在实施激励时应先考虑小康门店；为提升扩张发展战略的成功率，形成新店经营团队风险共担、利益共享的经营意识，对新开门店一律实行激励；并针对此阶段个别止损店也给予激励政策。

【操作要点】

在操作层面上，合伙人机制是把门店按照发展阶段、周边环境等分为几类，如：亏损店/新店、成长店、成熟店等，不同类别的门店采用不同的激励标准。但是门店分类激励法不能简单地理解为只是超额激励法中加入了门店发展周期的概念。

【合伙人方案与机制】

合伙人对象为店长、技术主管、大师傅，三个岗位公开竞聘。

成熟店拟提取门店5%～10%的股份用于经营团队的激励，并由店长拟定分配方案，经薪酬考核委员会审核通过后，由公司与各激励对象签订协议。（注：此处股份不是实股，是分红股）

新店与止损店拟提取门店10%～30%的股份用于经营团队的激励，并由店长拟定分配方案，经薪酬考核委员会审核通过后，由公司与各激励对象签订协议；激励对象按1∶1投资，并享受投资回报、承担投资风险。

【实施效果】

参与激励计划的员工纷纷感言"出去开店做老板不如在这里做小股东"，周边一些夫妻店的小老板也纷纷"要求投靠"，门店和员工整体加入到该公司的大家庭中。一年后，公司门店已经从10余家发展到近30家，营业额从6000万元增长到2.5亿元，一跃成为全省最大的本土连锁企业。

这是一个真实案例，这家公司通过虚拟股改造，实际上采用驱动股合伙人的方式，最后解决了发展中的问题。

要注意的是，在做驱动股让团队参与时，不能告诉他们有股权，而要告诉他们是分和份，积多少分或者拿多少份，1份、2份、3份、4份……，买1份多少钱。我们希望是所有人都参与的，一个公司所有人都参与，才会有意思，如果只有三五个人参与意义就不大，为什么呢？假如你作为老板，你的门店只有店长参与，那店里其他人就会认为公司只是多了一个股东而已，以前是1个人管的，现在是两个人管，跟员工没有关系，成本费用、赚不赚钱跟员工没有关系。如果是全员参与了，大家就会互相监督，因为省下来的钱、赚来的钱都有自己的一份。

7.3 外部合伙人

在圈子经济时代，根据我为人人、人人为我的理念，可以打造企业发展的无边界团队。与内部合伙人要指定人群不同，外部合伙人是非常宽泛的概念，是无边界、没有限制的，零售商与供应商、经销商、代理商、客户之间，基于利益链和价值流的关系都可以拓展为外部合伙人。外部合伙人遵循的也是超价值分享模式——蛋糕圈原理，一方面做大蛋糕，人人分享，另一方面，贡献越大，分享更多。

企业的内部合伙人基本都来自管理层和核心团队，一般不会超过10个人，外部合伙人则没有限定，多多益善，只要能够带来人脉、资源和价值，就可以合伙。股权讲的是德，志同道合的人才能走到一起。合伙人讲的是力，要能够贡献力量，创造价值。

外部合伙人的概念理解起来其实很简单，就是金手铐原理，成为外部合伙人，彼此也就"铐"在了一起。金手铐有两层含义：一是"金"的，很贵重，意为可共享企业成长的收益，其目的在于建立企业与合伙人之间的利益共享平台，确保企业的可持续发展，也就是说，金手铐是为企业发展战略服务的，同时也有助于建立合伙人团队的长短期目标，帮助企业吸纳优秀人才，提高市场竞争力；二是"手铐"，这也就意味着合伙人不可能拿了钱就走人，获得激励是有限制性条件的，退出也是有约束机制的。

那么，如何打造无边界的合伙人团队呢？

首先，要明确价值流和利益链之间的关系。每个企业都处在由客户、经销商、品牌商等组成的圈子中，任何交易背后都有利益，所有外部合伙人之间都是利益链，能够把各种利益链交织在一起，构建一个个生态系统，就形成利益链和价值流，明确了这两者之间的关系，才可能成为合伙人。

其次，确定共同利益的分配标准。外部合伙人因为共同的利益连接在一起，在确定合作前就需要设定清楚利益分配规则。

第三，外部合伙人无须对成本、费用负责。这里讲个例子给大家听：我们服务的一个客户，它在短短一年内就发展了几十个供应商的业务代表成为了自己的外部合伙人，它是怎么做到的呢？比如某个供应商的城市经理，用外部合伙人的模式把该供应商的区域经理变成了合伙人，假设一年做100万元业绩，毛利是25万元，那么，明年毛利超过25万元的部分，就和这个外部合伙人一起分，分多少，比例自行商定。对于这个外部合伙人来说，把供应商的区域市场做好是他的责任，同时做好了还有额外收益，对于零售商来说，成为合伙人就能得到更好的资源。如此增量就从去年外部合伙人能够为企业带来的实际贡献值来计算，超过这个平衡点就可以分享。这样的话，如果能做150万元当然就不会只做120万元。但是，这个外部合伙人对该公司整体的利润和业绩是不负责的,对成本、费用也是不负责的。

第四,统一目标管理:确定增量值或目标值。

第五,设定可以公开的数据,保证真实、透明。

第六,依据外部合伙人的贡献进行利益分配。

第七,逐步构建合伙人大会。

合伙人机制的核心在于如何通过利益的趋同让员工成为合伙人、让供应商成为合伙人、让客户成为合伙人,甚至让消费者成为合伙人,遵循的是剩余价值和超价值分配的蛋糕圈原理,讲求共同成长、共赴未来、共享收益。外部合伙人遵循的也是超价值分享模式——蛋糕圈原理,一方面做大蛋糕,人人分享,另一方面,贡献越大,分享更多。

企业的外部合伙人团队,到底可以做到多大?假设你的团队有几十或者数百人,你的企业是不是只有这些人在创造价值?即使他们在做事、创造价值,但企业也要付出管理、培训、福利、薪酬等诸多成本。在企业现有人员之外,打造价值互换、大到无边无界的合伙人团队,企业就能够创造无限的价值。只要客户、经销商、供应商同你的企业有利益交集、价值互动,他们都有可能成为企业的合伙人。比如说客户,假设你门店的高端消费者平均年消费额是3万元,可以从这部门消费者中划定10%的优质客户,让他们投入3万元资金。3万元是合伙金,消费满3万元,合伙金可以返还。如果消费了3万元,可以结算今年的收益。我们可以这样设定,如果你成为我的合伙人,15个点的收益是你的,消费了3万元,就可以返还15个点给你,如果推荐了朋友过来,可以享受打折或补差,比如补10个点或者5个点给你,其实就是找到价值交换的点。我们服务的一个客户已经在尝试,他们在新店计划拿出30%的收益和消费者共享。大家可以设想一下,开一个新店投资100万元,如果你能找到30个愿意拿出3万元合伙金的消费者,会出现什么情况?

所以说,外部合伙人是一个非常好的集聚资源的方法,只要我们善于梳理企业周边的这些关系,就可以发现合伙共赢的点。

7.4 合伙人模式案例分享

思维模式的演变,从逻辑思维、战略思维,再到设计思维,在实际中80%的人做的是逻辑思维的事情,19.99%的人做的是战略思维的事情,只有0.01%的人做的是设计思维的事情,企业老板应该处于设计思维层面。企业要赢得更大的发展,借力整合是必需的,老板要学会借力,不断进行资源优化,借别人的力,赚自己的钱。

万千经历不如轻松借力,借力与整合才是最佳出路。每个企业都可以向很多方借力,比如,可以借供应商的力、借员工的力、借行业联盟的力等等,关键是要找到借力的点。其次,资源整合就是借力,我们有什么优势、对方有什么优势,把需要的资源用拥有的资源去交换,利用彼此资源,创造共同利益。第三,与其尽力,不如聪明借力。个人的力量永远是有限的,借力却可以获得无限的能量、创造更大的价值。第四,创业不一定要全靠自己。今天如果有人想进入我们这个行业自己开一家店会很难,但如果与有一定行业基础的老板共同合作去开一个店就会容易很多。第五,成功者多是借力而为,不会借力的人很难成功。如果我们能够从一个品类中发展一个品牌商成为战略合作伙伴,就会非常有优势。

这里以启尔智为例:

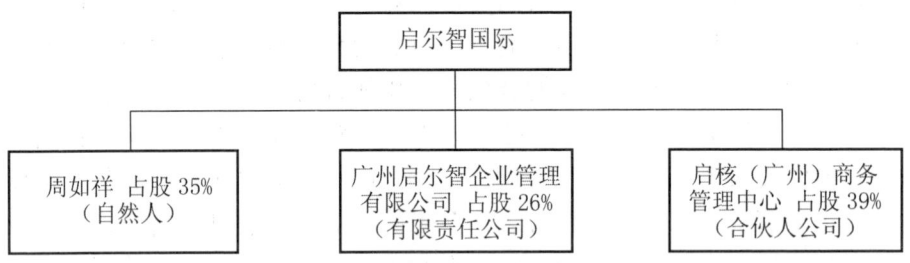

2016年初,启尔智商业模式的雏形初现。首先创建了启尔智国际控股(广州)有限公司,周如祥占35%的股份,广州启尔智企业管理有限公司占26%的股份,启核(广州)商务管理中心(普通合伙)占39%的股份,启尔智国际就是由自然人、有限责任公司和合伙人公司共同构成的。同时,启尔智国际分别持有上海启尔智、青岛启尔智等子公司35%的股权。

启尔智的核心理念是集中所有人智慧做一个人做不成的事,同时不影响每个合伙人做自己想做的事。总部采取合伙人制,子公司采取股权制,总公司下设若干子公司,彼此既相互独立又相互关联,总公司持有所有子公司的股份,子公司也持有总公司的股份,这样就构成了我中有你,你中有我,我为人人,人人为我的经营模式。将来无论启尔智拥有多少子公司,总公司都持有子公司的股份,同时子公司的人也持有总公司的一份子,子公司必须为总公司创造利润，总公司也将提供支持给子公司，最终的目标是希望整合行业内外的优势资源全力推动母婴行业的发展。海纳百川，有容乃大。只有融合行业内外更多人的智慧和力量，启尔智才能走得更快更稳、为行业创造更大的价值。

7.5 合伙人模式与体系制胜其他模块的关系

整个体系制胜的系统解决方案包括积分式、动力源、全绩效、驱动股、组织目标和合伙人六大体系。其中积分式的目的是在企业形成积分式管理，关注过程、以积分文化驱动企业文化，打造员工归属感，推动企业文化落地，实现快乐工作、精细化激励；动力源的目的是通过量化薪酬、关注个人产值和价值，解决二线基层员工激励和考核问题；全绩效的目的是通过结果导向、利益驱动、效果付费、价值分解、薪酬分块，解决企业的绩效管理、绩效考核、薪酬激励、分配机制，实现增值增效；驱动股是让各种目标有效达成双向驱动，实现目标管理，利润、成本、费用的控制；组织目标就是要搭班子、建团队、定目标；合伙人就是事业驱动，实现共同目标、共同利益和共同梦想。这六大体系从不同层面、不同维度、不同时效上构成了企业的创新盈利机制解决方案，互为补充，相得益彰。

同为激励方式，合伙人模式与全绩效模式的区别如下：

全绩效的核心是关键成功因子，重点在于衡量价值成果和价值分配管理，主要用于薪酬激励，它强调员工的需要，强化原动力，从源头启发与调动员工为自己而做。从动力系统来看，全绩效比KPI更有价值，它是企业与员工共赢的桥梁，容易获得价值利益的平衡与共识，也是企业内在力量的爆发点，直指企业成本管控与利润增长。

合伙人机制的核心在于如何通过利益的趋同让员工成为合伙人、让供应商成为合伙人、让客户成为合伙人，甚至让消费者成为合伙人，遵循的是剩余价值和超价值分配的蛋糕圈原理，讲求共同成长、共赴未来、共享收益。

全绩效模式的本质是先激发员工的心，再留下员工的心，驱动股和合伙人模式的本质是先留下员工的心，再激发员工的力。

至此，体系制胜以搭班子、建团队、定目标始，以事业驱动的合伙人机制收尾，整个体系聚焦于解决企业的分钱问题和员工为谁而干的问题，大到企业发展目标、愿景、使命，小到员工日、周、月的人效和绩效，手把手教企业构建全方位的利益驱动机制,创新赢利机制解决方案。也许有人会说,解决母婴企业的发展问题没有什么捷径,只有摸着石头过河,似乎这就是中国国情。但是,有比摸着石头过河更高明、更稳妥、更省钱的做法,那就是借力腾飞。企业不仅仅需要培训,更需要的是解决方案。

附　录

附录1　企业积分管理及绩效激励方案参考

附录1-1　企业积分式管理推进流程

时间：＿＿＿年＿＿＿月＿＿＿日

工作内容：成立项目组、制定计划

一、成立项目组

由公司员工主动申请或总经理指定项目组成员2～5人担任积分项目导入小组成员。

要求

1. 熟悉积分式及操作流程；
2. 细心负责，有激情；
3. 承诺为项目组负责。

架构

组长1人，项目秘书1人，组员3人左右（根据企业实际情况而定）。

分工

组长：负责项目推进进度统筹与各分项目完成时间的规划和安排、组织召开会议及总结监督；

项目秘书：负责项目对接、文件校对及编写、流程监控；

组员：可根据负责积分通用标准制定、部门标准制定、造场完善、开启大会筹备策划、快乐大会筹备策划、激励设计等工作内容来具体划分。

Q&A

1. 我工作比较忙，不能保证有时间全程参与积分工作，可以加入项目组吗？

答：如果对积分的理解能力很好，可以作为项目小组组长统筹，具体事情由小组成员负责。

2. 我是对外业务员，经常出差，可以参加项目组吗？

答：经常不能在公司的人员，建议不要参加项目组，公司积分式对长期在外的人员也有要求，原则上建议可不参与积分管理。

> 成立项目组是项目能否成功的第一要素，
> 没有项目组，项目管理就无从谈起。

项目组激励计划

成员（共_____人）：

人均投入：

公司跟投：

老板额外投入：

共_____元

激励规则

第一阶段： 1. 2.	完成兑现 没完成或延迟完成
第二阶段： 1. 2.	完成兑现 没完成或延迟完成
第三阶段： 1. 2.	完成兑现 没完成或延迟完成

项目组必须完成或者组织的事项，可以跟奖励金挂钩：

如：项目组需每周/月召开____会议，____号提交报表和报告，少一次少发____奖励金

备注：

1. 老板额外投入——由老板自愿选择是否加注；

2. 公司奖金通常是员工投入金额的3～5倍；

3. 积分可以分阶段来进行激励，多少个阶段自行规定，需列清楚每个阶段的要求和标准，奖金分配激励力度不用太大，因为积分导入比全绩效容易，全绩效项目组奖金要比积分项目多；

4. 积分激励可以通过满意度来检视积分项目运行效果，满意度不仅员工要参与，总监和决策层（不含项目组）也应参与满意度调查，并且占30%的比例。

二、制订计划

根据内部实际情况,制订积分式导入流程计划。

详见前文积分导入计划及流程。

温馨提示

大家共识制出一个目标,设计一个激励口号。

项目组成员有相应加分,作为担任积分导入工作的奖励,或公司给予项目奖励。

以下为计划表范本。

____周计划

本周计划完成的事项

	计划完成的事项	目标成果
1		
2		
3		
4		
5		
6		
7		
8		
9		
10		

日重要工作计划

工作事项	目标成果	完成打"√"

当天项目小结

1. 如果今天或连续几天没有做和项目有关的任何事情,必须说明客观原因并反思自己的承诺?如果每天都在支持项目工作,完成工作计划,请在以下空白地方写下 YES。

2. 今天项目工作中遇到了哪些自己应付不了的困难?是如何面对和解决的?打算怎么处理?

3. 为今天你对项目的工作打一个分数。在相应分数前打"√"。
全力以赴 5 分 □　　非常用心 4 分 □　　基本完成 3 分 □
缺乏关注 2 分 □　　没有投入 1 分 □　　无所谓　0 分 □

项目组成员确定和列好计划后,组织组内成员完成承诺。
要点:所有人填写承诺书;做承诺仪式:所有人念承诺书并录像合影。

承诺书

我承诺

对于积分式落地的 28 天目标

我一定全力以赴,不达目的誓不罢休

为了这个目标

我将每天认真填写小结

每天反省总结

无论遇到什么干扰

我必坚持不懈

因为我知道

我的企业及我个人面临的改变是必然的

我承诺为这个目标决不放弃

我承诺坚持到底

承诺人：

承诺时间：_____年____月____日

附录1-2　某企业积分管理操作规则

一、操作资料

1. 实物类:《积分奖券》《积分奖扣分执行单》《积分英雄榜》《积分排名公告栏》《积分宣传海报/贴画》。

2. 表格类:《工作总结与积分申请表（A分）》《个人价值积分申请表（B分）》《C分消耗明细表》。

3. 软件类:《员工价值量化管理系统》，实现PC端和微信端同步操作。

二、操作办法

1. 老员工积分。

以2017年2月28日为界，此前入职的员工，以月为单位计发B分，每个月200分，直接计为员工个人积分。不满一个月的不计。

2. 新员工积分。

新员工入职的前两个月，不安排积分排名。每月岗位基础分定为300分。入职当月不足15天的，不计算积分，不算足月。除考核业绩标准外，重点考核提供有价值的新客户个数、培训考核分数、主动联系客户个数三项指标，并与A分挂钩。

3. 授权。

除本系统明确规定的奖分标准外，在公平、公正、公示的原则下，授权_____、_____每月分别可以奖出1500分（约人均_____分）、奖券各60张。对于同时奖励C分的应认真参照相关规定的条件。

4. 授责。

特别授予行政管理人员_____扣分权限与责任。每月必须扣出50分。如果达到该分值，公司奖励AC分100分，如果不能达成，所欠分数从个人A分中扣除。如果发生明显错扣行为，双倍扣罚个人积分。

5. 投诉与申诉。

如果员工发现其他员工申请的积分存在问题或公司给出的积分有问题，可以直接向总经理投诉。公司鼓励员工通过合规程序向上级申诉，员工所有的申诉与投诉必须在两个工作日内给予答复。

公司不允许员工在小圈子内议论、抱怨、传播负能量，一经查实，无论对错，一律扣罚当事人及相关人200～1000分。

6. 除公司主要管理层外，其他各岗位均需参加积分管理。

7. 员工犯错需要被扣分的，主动向上级坦陈，并填写好《积分奖扣执行单》，可以扣分减半。

8. 属于正常履行职责的，原则上不会给予加分或奖分。

9. 故意隐瞒事实、弄虚作假、拒不合作的，可以加倍扣罚积分。

10. 员工对积分设计提出有建设性意见和建议的，可以奖AC分。

三、操作流程

1. 分值与奖券

（1）系统自助申请：在确定得到奖券或奖加分的，先由员工本人自助填写奖券，项目组人员审核后，交公司主要管理层签名或盖章。确认登录资料之后，奖券安排统一发布。奖分由员工本人在软件上自助申请，系统自动统计分值。

（2）自我算分：通过每月在系统中申请的A、B、C分分值，查询自己的A分、B分、C分情况。

（3）客户给分：公司会通过适当的形式通过客户为员工打分并记录。

（4）上述以外的积分奖券，由项目组人员负责填写与审核，并报公司主要管理层核准后安排统一发放。

2. 操作流程图

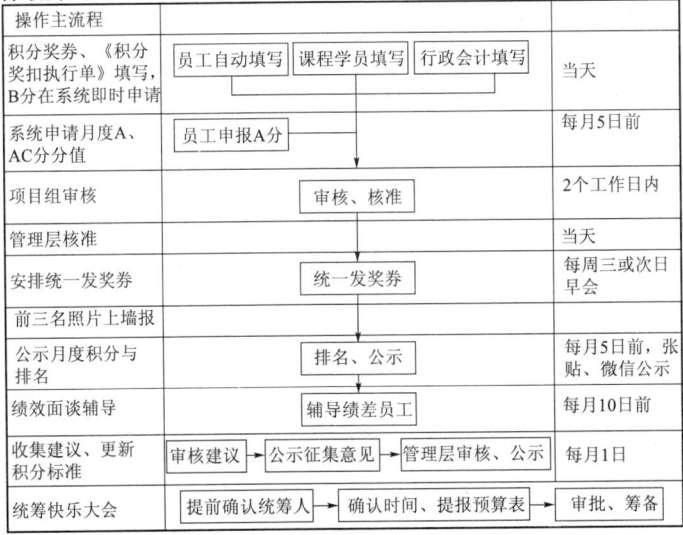

附录1-3 某企业积分量化管理细则

积分管理，是激励机制中的一种独特形式，以A、B分体现。A分为物质分，侧重对员工的物质激励；B分为精神分，强调对员工的精神与荣誉激励。A分在当月工资奖金发放后即失去作用，B分将终身有效，B分累积至一定标准后，可享受各种不同的待遇，同时通过B分排名，公司可给予丰富的多元化激励。

一、A分管理操作方式及说明

1. A分主要用来激励员工的直接劳动量付出和惩罚员工过失，分为奖分和扣分，按月汇总，与工资挂钩，直接影响员工当月工资。

2. A分的奖扣标准均以每分1元人民币计算。当月累加计算后分数清空，次月起另行计算。

3. 公司建立一套完整的A分奖励规定及标准，实行上不封顶，下不保底。

4. 日常本职工作检查以扣A分为主，各项扣分应按标准执行，一般无直接经济损失的扣分主要以2分为起步标准；有直接经济损失的扣分，参照损失金额计算扣分；需要加大管理力度的项目可实行几何倍数扣分。

5. A分与B分相互关联，A分翻倍进入B分累计系统，即：每A分1分 = B分2分。

二、B分管理操作方式及说明

1. B分作为对员工精神和荣誉激励的形式，主要用来间接表扬、奖励员工的劳动付出，引导员工参与企业文化建设、提升参与度，它不与员工工资直接挂钩。同时，积分制管理的核心内容就是指B分。

2. B分的考核范围主要有学历、职务、技术水平、专业能力、个人特长、出勤天数、加班时长、产值数量、营销业绩、个人工作量、工作热情、精神文明、思想道德、对工作的忠诚度等。

3. 员工的综合表现，全部用B分来检验，员工的B分越多，说明其对公司的贡献越大，表现越好。

4. 公司每月要对员工的B分积分汇总后排名，排名分为累计排名和阶段排名。累计排名是指员工入职以来的累计B分总分排名；年度阶段排名是指员工从当年 1 月 1 日开始的每月 B 分积分数量累计排名，阶段排名还有月度排名、季度排名等。

5. 公司还将进行分层分类排名。分层排名是指根据管理层次进行排名，当前主要区分为"管理人员"与"非管理人员"排名；分类排名是指根据岗位的区别与共性进行的排名，当前主要将"非管理人员"分为"四楼操作人员""五楼操作人员""业务人员""其他人员"四个类别。

6. 累计排名主要用来反映公司成立以来员工对公司贡献的大小。一般来说，工作时间越长分数越高，贡献越大分数越高，扣分越少分数越高。

7. 年度阶段积分排名主要用来反映该年度内员工所作的贡献大小，分数越高，贡献越大，该指标主要是考虑到了后入职的员工，公司希望他们能和老员工一样有饱满的工作热情，通过自己的努力赢得同样的奖励机会。

8. 员工的 B 分奖励方式分为三种类型：固定式奖分方式、任务分配式奖分方式、临时性奖分方式。

（1）固定式奖分方式是指公司指定专人按照常规对员工制订固定奖分标准，并考核登记汇总的分数。如学历、个人专长分、职务分、产值分、加班分、出勤分等，该类奖分由专人考核，并分阶段在员工大会上公布，月底汇总后直接计入 B 分信息系统。

（2）任务分配式奖分是指公司在分配特殊任务时（一般指难度较大的任务），明确责、权、利的一种奖分方式，公司所分配的任务，员工只要能按时、保质、保量完成，达到约定的目标或期望，即可得到相应的 B 分奖励。

（3）临时性奖分方式是指员工完成非常规、突发性、个性化的单体事件所给予的奖分。此类任务需依靠员工的主动性来完成，对此类事件奖分目的是激励员工多为企业着想，多做好事。它在培养和加强企业文化建设方面起着巨大作用，同时又是员工增加个人积分的一个重要途径，只要员工表现优秀，就有可能得到额外的 B 分奖励。每个员工都有同等机会，选择增加个人 B 分的方式。

9. 任务分配式奖分和临时性奖分一律采用总经理签发的《B 分奖励通知单》（奖券），该通知单除记入本人累计分外，还有各种增值作用。例如：可参加周日员工大会的抽奖（无奖分通知单的员工无资格参加大会抽奖活动）、可抵消迟到、换取休息机会、兑换礼品等。

10. 管理干部的工作业绩考核，以记 B 分为主，年终奖金分配与 B 分挂钩。

三、B 分享受待遇的相关规定

1. 凡员工总累积 B 分达到 1 万分，可以得到一次是否上调一级工资的讨论资格。

2. 凡员工总累积 B 分达到 1.5 万分以上，并在公司服务 1 年以上（含 1 年）员工，可选择 2000 元以内的外出学习项目，由公司支付学习费用。

3. 员工 B 分总积分排名第一者和年内 B 分排名第一者，由公司安排国外旅游，每人限一次，五年之内不重复安排（同一地点），够名次未能参加者（或已经参加过不再参加的）公司奖现金 2000 元。

4. 各部门或各层年内 B 分排名第一者，可享受国内游，因公未参加者可领取现金 800 元。

5. 春节发放物资实行三级待遇，总累计 B 分前 5 名和年内 B 分排位前 5 名者享受一级待遇，年内积分达万分以上的员工享受二级待遇，不足万分的员工享受三级待遇。如全部在万分以上，取后 20% 的员工享受三级待遇，前 20% 员工享受一级待遇，其他员工享受二级待遇。

6. 员工出现零 B 分和负分后，说明该员工不适应公司的管理体制模式，建议其主动离职。

7. 凡公司出台的各种福利待遇规定，均要与 B 分挂钩。

8. 公司在适当的时候，相应出台 B 分汽车、住房、入股等奖励方案。

四、A 分、B 分奖扣规定

1. 考勤奖扣分。

（1）出勤奖扣分规定。

公司鼓励员工服从公司安排出勤，并与奖分挂钩。

当月超勤工作的，每少休息一天奖 B 分 30 分；高级技工及合格管理人员加倍计算（加班工资或补休另计）。每月出勤少于正常天数的，按岗位固定积分÷正常出勤天数扣 B 分（缺勤工资另计）。

当月事假在 8 天以上的，超过 8 天的部分，经理级人员每天加扣 B 分 25 分、主管和高级技工级别每天加扣 B 分 15 分、组长和普通技工级别每天加扣 B 分 10 分、普通员工级别每天加扣 B 分 5 分。

公司放假、春节假、正常产假、婚假等，不另扣分。

（2）上班是否准时奖分扣分规定。

上班迟到（10分钟以内）一次扣B分2分，当月迟到两次以上者，第二次扣4分，第三次扣6分，以此类推，最高每次扣100分，年底综合考核（另外，女员工怀孕期间，前六个月最高只扣30分，后三个月最高只扣10分，年底不再考核）。迟到10～30分钟扣A分5分，迟到30～120分钟扣A分20分。迟到两小时以上的，按旷工处理并扣B分100分。

早退和中途离岗超过半个小时，扣A分20分。超过两小时按旷工处理并扣B分100分。全月无迟到、无请假奖B分50分。请假两小时以上视为休息半天。

（3）员工大会迟到、缺会扣分规定。

缺会一次扣B分40分，请假扣B分20分；因公司事务、因病住院、因公外出，须由部门经理签名批准请假不扣分。管理层连续三次无故不参加会议，撤销其管理职位。

（4）公司日常会议迟到、缺会奖扣分规定。

公司会议，要求员工准时参加。缺会者（除出差、休假外），每次扣B分20分；迟到、早退者，每次扣B分10分。手机响、听电话者每次扣B分5分。给予会议主持人B分20～50分的奖分权利。

（5）部门会议管理规定。

公司要求各部门每月召开会议不少于一次，并做好会议记录，每次要请一位其他部门经理参与会议发言或旁听，并签名证明。没有召开会议的扣负责人A分10分、B分20分；无经理签字和会议记录的扣A分5分、B分10分；连续两个月未召开会议，视为放弃职位，取消职位津贴，并更换负责人。

（6）春节、元旦、五一节、国庆节假期期间奖扣分规定。

国家法定假期上班人员，每天加B分50分另补休息一天、奖休一天。正月初四到初七值班人员，每天加B分50分另补休一天。报名值班但未值班者，一律扣B分100分。除夕至正月初七为公司春节假，如提前或延迟假期的每天扣B分50分。

2. 加班B分奖励。

公司员工早上7点30分之前上班，每天另加B分5分，晚上加班超过12点每天加B分10分，通宵加班每天加B分20分；晚上下班后又通知上班，12点前每人另加B分10分，12点以后每人另加B分20分。通知加班不到场，每次扣B分20分。

3. 业务员奖扣分标准（业务部拟定）。

4. 员工学历、职称 B 分奖励。

高中、中专学历及相应职称，每月另加 B 分 10 分。

大专学历及相应职称，每月另加 B 分 15 分。

本科学历及相应职称，每月另加 B 分 20 分。

凡本科以上学历及具相应职称，每月另加 B 分 25 分。

5. 职位奖分管理。

公司按职位级别，分别给予 B 分加分：

经理级别每人每月加 B 分 300 分。

主管、高级技工级别每人每月加 B 分 200 分。

组长、普通技工级别每人每月加 B 分 100 分。

普通员工级别每人每月加 B 分 50 分。

（备注：在没有实行扣分任务前组长及以上级管理人员的每月职位 B 分分别减少 50 分、30 分）

6. 个人特长加分标准。

坚持讲普通话上班，每人加 B 分 20 分。

有其他个人专长，每人每月加 B 分 10 分。

有唱歌、跳舞等专长，凡参加表演，每次另加 B 分 20 分。

能组织员工进行有益的活动，如登山、唱歌、打球等活动，对组织者奖 B 分 20 分，服务、支持人员奖 B 分 10 分。

7. 技术加分奖分规定。

公司根据员工个人专业技术水平，通过考核每月给予一定的固定加分，员工的技术 B 分与职位 B 分不重复计算，公司鼓励员工成为复合型人才，员工可根据公司需要及自身能力，选择技术项目，在完成本职工作后可到其他岗位学习，掌握技术后，公司安排统一考核，一次性奖励 A 分 20～50 分、B 分 50～100 分。

8. 业务奖。

非业务部员工凡介绍业务给公司的奖 B 分，按金额的 3% 计算。

9. 各项名次奖分标准。

（1）业务员销售名次奖。

按月汇总，销售额第一名奖 A 分 50 分、B 分 100 分；第二名奖 A 分 40 分、B 分 50 分；销售额不足 10 万元者，只奖 B 分，不奖 A 分。

（2）全员（非业务员）销售名次奖。

按月汇总，销售额第一名奖 A 分 30 分，B 分 100 分；第二名奖 A 分 20 分，B 分 50 分；第三名奖 A 分 10 分，B 分 20 分；销售额不足 5000 元者，只奖 B 分，不奖 A 分。

（3）业务员应收款回收名次奖。

按月汇总排位，第一名奖 A 分 30 分，B 分 50 分；第二名奖 A 分 20 分，B 分 40 分；第三名奖 A 分 10 分，B 分 20 分；每月回收货款金额在 30 000 元以下者，只奖 B 分 60 元，不奖 A 分。（此奖不包括年度结算的客户）

（4）设计开发组产值名次奖。

每月按产值汇总排位，第一名奖 A 分 30 分，B 分 50 分；第二名奖 A 分 20 分，B 分 30 分。

10."团队精神考核"奖扣分规定。

每月员工之间相互不记名评议一次，结果在 90 分以上者，奖 B 分 20 分，60 分以下者扣 B 分 10 分。

11."服务卡"奖扣分规定。

公司要求业务员对客户服务按规定发放服务卡，并按每周回收一张满意卡的任务，每张奖 B 分 5 分，缺一张扣 A 分 2 分，B 分 4 分，连续两周未完成任务则加倍扣分，每月最高扣分为 A 分 32 分，B 分 64 分。如出现不满意服务卡，每张扣 A 分 10 分，B 分 20 分。服务卡扣分按月计算，不跨月扣分。

12."员工建议"奖扣分规定。

员工在员工意见箱对公司或岗位提供书面建议奖 B 分 10 分，被采纳的奖 B 分 20 分，有特别价值的另行奖励。

13."卫生检查"奖扣分规定。

凡卫生检查，包干区的清洁卫生，每次合格的部门当月每人奖励 B 分 20 分，不合格的每人每次扣 B 分 5 分。纠正后不改，长期不认真者，加倍扣分，最高可每人扣 B 分 100 分。

14."设备检查"奖扣分规定。

设备组对公司设备每周检查一次，凡保养认真、干净整洁者，奖 B 分 20 分，凡不符合要求者，每个点扣 B 分 2 分。

15.司机奖扣分规定。

专职司机每月没有安全事故工资，当月无事故，奖 A 分 20 分，B 分 50

分,当月发生事故,扣 A 分 20 分,B 分 50 分。司机驾驶公司车辆造成损失 300 元以上,每 2 元扣 A 分 1 分,并扣等值 B 分,损失 300 元以内扣等值 B 分。如出现违章,自行承担罚款。

16. "员工工资保密"奖扣分规定。

公司提倡员工工资相互保密,不得相互打听,凡能准确说出其他员工工资者(公司大会上公布的除外),可奖 B 分 50 分,公司为该员工保密;并扣被说出者 B 分 50 分。

17. "质量检查"奖扣分规定。

公司鼓励员工人人参与质量检查,凡主动发现公司质量问题的员工,公司给予 B 分 10～50 分的奖励,给公司减少损失的,酌情给予 A 分奖励。

18. "关爱残疾人"奖分规定。

公司常年招收有专长的残疾人,并提倡每个残疾人要落实一名有爱心的兼职关爱人,负责关心残疾人的工作、学习、生活,凡主动报名加入的,每月奖 B 分 20 分。

19. "质量标兵"奖分规定。

凡评上"质量标兵"的员工,每月奖 B 分 20～50 分,按出勤天数考核,每季度评选一次质量标兵。

20. "技术标兵"奖分规定。

凡评上"技术标兵"的员工,每月奖 B 分 20～50 分,按出勤天数考核,每季度评选一次。

21. "安全小组成员"加分规定。

公司安全小组成员要认真履行职责,每月固定加 B 分 20 分,如出现安全事故,相关人员酌情扣分。

22. "爱心基金会"加分、扣分规定

公司爱心基金要安排专人管理,定期公布收支账目,认真履行收款职责。基金会会计和出纳每月每人固定加 B 分 20 分,若工作没到位,如爱心款未收齐,或账目不清等,每人每月扣 B 分 20 分,其他成员扣 B 分 10 分。

23. "公司标志宣传"奖扣分规定

公司要求,凡有档次的印刷品,只要不涉及版权的,都要标明公司的标志和名称,公司给予 B 分 10～20 分的奖励。实行个人书面申报制,对于应加标志而未经允许加的,每次扣 B 分 30 分,不需要加标志或顾客不同意标志的必须事前告知。

24. 各类活动奖扣分规定。

（1）"员工快乐大会"奖分规定。

在快乐大会中担任主持人奖B分50分，组织人员奖B分20分，在快乐大会中担任表演嘉宾奖B分50分。准时参加的每人每次奖B分10分。

（2）其他活动酌情加分。

25. "月目标"奖扣分规定。

（1）部门目标。

完成目标100%～110%的部门每人奖B分40分、完成目标110%～120%本部门每人奖B分60分、完成目标120%以上的部门每人奖B分80分；未完成目标者按百分比扣B分，完成目标95%～100%者扣B分30分、完成目标90%～95%者扣B分50分、完成目标80%～90%者扣B分80分、完成目标80%以下的扣B分100分。部门经理加一倍奖扣分。

（2）个人目标奖。

产值目标：完成目标100%～110%的个人奖B分40分、完成目标110%～120%的个人奖B分60分、完成目标120%的以上的个人奖B分80分；未完成目标者按百分比扣B分，完成目标95%～100%者扣B分30分、完成目标90%～95%者扣B分50分、完成目标80%～90%者扣B分80分、完成目标80%以下的扣B分100分。

26. "年终目标"奖扣分规定。

（1）部门目标（12月再确认）。

年度内，完成目标100%～110%的部门每人奖B分200分，完成目标110%～120%的部门每人奖B分300分，完成目标120%以上的部门每人奖B分400分；未完成目标者按百分比扣B分，完成目标95%～100%者扣B分150分，完成目标90%～95%者扣B分200分，完成目标80%～90%者扣B分300分，完成目标80%以下者扣B分400分。部门经理加一倍奖扣分。

（2）个人目标奖。

年度内的产值目标，完成目标100%～110%的个人奖B分200分、完成目标110%～120%的个人奖B分300分、完成目标120%以上的个人奖B分400分；未完成目标者按百分比扣B分，完成目标95%～100%者扣B分150分、完成目标90%～95%者扣B分200分、完成目标80%～90%者扣B分300分、完成目标80%以下者扣B分400分。

27. 其他奖分规定。

员工拾金不昧，每次奖 B 分 10～20 分；

员工做好人好事，每次奖 B 分 10～20 分；

员工春节为父母买礼物，每人奖 B 分 10 分；

员工自觉参加公司培训学习，每次奖 B 分 10～20 分；

员工揭发私自将公司材料带回或送人，奖 A 分 100 分、B 分 200 分；

员工揭发多报、虚领行为，奖 A 分 50 分、B 分 100 分；

员工被员工骂不还口的奖 B 分 50 分；

员工被客户骂不还口的奖 B 分 100 分；

员工揭发他人对公司不诚信行为，奖 A 分 50～200 分、B 分 10～300 分。

28. 其他扣分规定。

员工下班未关电脑、抽风机、空调等设备，每次扣 A 分 10 分、B 分 20 分；

员工开空调未关窗户，每次扣 A 分 10 分、B 分 20 分；

员工下班未随手关灯，每次扣 A 分 5 分、B 分 10 分；

车间的工作台等设备，未按要求摆正，每次扣责任人 B 分 5 分；

员工上班与工作无关人员上网聊天玩游戏，每次扣 A 分 30 分、B 分 50 分；

员工在公司骂人（粗口），扣 B 分 500 分；

员工把家人、朋友（与工作无关的人员）带入印刷车间，扣 B 分 10 分；

员工上班当着客户面接私人电话超过 1 分钟，扣 B 分 20 分；

员工上班头发、着装未考虑安全因素，每次扣 A 分 10～20 分、B 分 20～50 分；

业务员未按标准报价或乱报价，每次扣 A 分 2～10 分、B 分 5～20 分；

员工上班时间会友超过 5 分钟，每次扣 B 分 5 分；

员工随便丢个人物品，每次扣 B 分 30 分；

员工乱拿他人文具，每次扣 B 分 20 分；

员工在上班区域吃东西等行为，每次扣 B 分 10 分；

员工《流程单》书写不规范，每次扣 B 分 5 分；

员工用公司电话打私人电话,每次扣 A 分 5 分、B 分 10 分;

员工接电话未用标准语,每次扣 B 分 5 分;

员工未给客户倒水,每次扣 B 分 10 分。

29. 扣分照顾规定。

女员工在怀孕期间与哺乳期间,按扣分减半计算;

男员工在其妻子怀孕期与分娩期,可执行各一个月的减半扣分;

当月产值第一名的员工,取消本人当月的迟到扣分;

当月加班第一名的员工,取消本人当月的迟到扣分。

附录1-4：某企业积分管理激励规则

一、C分系统

1. C分是消费型积分

C分是用于抵销员工从公司获取的各种特定福利、奖励等。强调福利不是公司给的，而是员工自己挣来的、靠双手和用心拼来的。

2. A分不能直接转为C分

各岗位员工超出对应的A分基础分以上的部分，以等值的两倍分值奖励C分。同样，如果员工的实得A分低于对应的A分基础分，就会被扣除两倍等值C分。

3. B分也不能直接转为C分

4. 一些特定的项目可以获得AC分，在操作上明确说明为"奖扣AC分"

通常扣分的项目，一定会同时扣A分与C分。

5. 奖A分的同时会奖C分的立项原则

（1）人才招育；

（2）团队业绩或积分PK；

（3）统筹课程；

（4）客户特别认可；

（5）获得上级特别认可的项目。

说明：奖券与C分不会同时得到是基本原则。在操作上，分别列明奖励BD或AC分。A分归属于加分项目，B分中属于加分A（或记分）的项目，会计算到B分，但不会奖励AC或BD分。

6. C分运用

（1）C分来源：超A分基础分的等值奖励＋特定奖励AC分的项目；

（2）C分消耗：低于A分基础分的等值扣除＋扣AC分的项目；

（3）C分以"1C＝0.5～2元"的定价原则，用于消费以下特定福利与奖励：

消费类别	C 分消费项目	是否有设定条件	操作说明
日常福利	每月兑换物质	每月 1 次，限 20 个单品	例如，价值 20 元的食品，消耗 C30 分
	兑换假期	一次不超过 2 天，每月限 1 次	须先报上级批准，每半天消耗 C200 分
	迟到	20 分钟内，每月限 2 次	每次消耗 C50 分
	请小时假	2 小时内，每月限 2 次	须先报上级批准，每次消耗 C100 分
年节福利	三八节	女士	按每月兑换物质的原则
	端午节	无	同上
	国庆节	无	同上
	中秋节	无	同上
	春节	无	同上
特定福利	外派培训	入职满 1 年，B 分总值达到 5000 分，限单次 1000 元	公司按个人业绩的 0.2%、0.3% 分别提取个人培训基金与旅游基金。不足部分从 C 分消耗。每 100 元消耗 C200 分。
	公司旅游	入职满 3 个月，B 分总值达到 5000 分，限单次 2000 元	
	应急资金	有特定困难或需求，B 分总值达到 5000 分，限单次 2 万元	须经批准，每借 5000 元半年消耗 C250 分
重大福利	房车贷基金	入职满 1 年，B 分总值达到 10 000 分以上，待制订详细规则	须经批准，每贷 1 万元每年消耗 C1000 分
	在职股权	入职满 6 个月，B 分总值达到 10 000 分，限每次 1 股	须经批准，每股消耗 C4000 分
特定奖励	待定		

说明：
①C 分消耗不含公司聚餐、郊游、奖券抽奖、抢红包等。
②员工个人申请的外派培训，可以提取培训基金及消耗 C 分。但只限于培训学费，差旅费用需由个人承担。

③C 分允许借分和存在负分。除公司统一安排的年节福利，员工在 C 分不足的状态下无须借分（但同样会消耗 C 分）。在员工达到设定条件，但缺少足够的 C 分时，可以向公司申请透支 C 分，但一次透支额通常不得超过 2000 分，而且限定使用于特定福利与重大福利。

④如果员工的 C 分连续 3 个月为负分，原则上将终止享受所有福利。

二、奖券

（1）奖券主要运用于奖励优秀之事、分外之事、特别之事。属于记分（加分）的项目，只增加 B 分，而不会给予奖券。

（2）在 B 分（价值积分）标准上，标明该项标准是否有奖券（代号字母 D）。

（3）发出的奖券需加盖公司主要管理层的印章或签名方有效。

（4）奖券可以保留、一直有效，在安排抽奖前提供即可。但奖券放进抽奖箱后，无论是否中奖，在抽奖结束后，均不再具有重复使用的效值。公司将统一投入至"积分奖券箱"以示纪念。

（5）定于每周三为奖券统一发放日，由公司主要管理层组织颁发。如果奖券较多，也可在次日早会上发放。发放奖券时，必须有庆祝音乐，并安排分享会。

（6）抽奖每两月一次，通常逢双月进行，一般安排在快乐大会的议程内。

（7）员工每月投入 100 元、公司跟投 100 元/人，作为抽奖与快乐大会的资金费用。员工参与积分资金按每季度缴纳。

（8）每月必须拿出当月奖券的 50% 以上用于月度抽奖。

（9）抽奖奖品：

①奖品由四部分组成：一是物质，二是团队鼓励，三是福利机会，四是现金。

②奖品设计见下表：

奖品类别	物质类	团队鼓励类	福利机会类	现金类
奖品项目（月度）	• 书籍一本 • 小零食一批 • 代订午餐一份 • 彩票若干 • 面膜一盒 • 女性生活用品一批 • 水杯一个 • 特别礼品一批 • 电话充值卡一张 • 电影票两张 • 充电宝 • 智能手环 • 按摩器 • 音箱 • 体重秤 • 旅行箱 • U 盘 • 自拍杆	• 全体同事爱的拥抱一次 • "你真棒"一次 • 享受摇篮曲一次 • 全场飞吻一次 • 编一场微电影（演员任选，剧本自出）	• 早走券两小时 • 迟到券 30 分钟 • 优先兑换物质机会一次 • 销售指导一次 • 每人一句真诚的赞美 • 上司致电长辈表扬及寄礼品一份 • 打牌免输金牌	• 现金红包 500 元、300 元、200 元、100 元各一个 • 现场抢红包 2 次 • 超市购物券 • 干洗券
费用预算	1600 元	深情无价	机会无价	2200 元
年度抽奖	年终大奖： 苹果手表 1 块 现金奖 5000 元 iPhone X 1 台（如果有的话） 根据业绩表现，可酌情增加			
说明	①根据人数变化，同比调整抽奖费用的预算； ②每张奖券可抽奖一次，多券多抽。5 张普通奖券可换领一张银券，10 张普通奖券换领一张金券，分别用于抽取指定的大奖； ③单个积分项目的分值超过 100 分的，直接发银券；超过 300 分，直接发金券			

三、快乐大会

1. 快乐大会每两月组织一次，逢双月举办

2. 每次活动由两人统筹，完成全部的活动筹划、流程设计、物质计划、奖品设定、场地预订、现场主持等组织工作，其他同事给予支持配合（每次快乐大会结束前确定下期活动统筹人）

3. 快乐大会可以选定的地点：公司写字楼、KTV、农场、半山、酒店会场等地，但必须控制在总预算范围，并有音响支持

4. 时间通常选在放假期间或放假前的晚上，以不影响公司正常工作为宜

5. 快乐大会的主要议程（可在以下议程基础上增加特定的议程）

（1）团队展示；

（2）员工自编自导的节目表演；

（3）员工生日庆祝；

（4）公司特别表彰；

（5）公司与个人业绩总结；

（6）奖券抽奖。

四、排名规则

1. 业绩总排名

（1）全员按个人业绩总额进行排名。月度前三名可以奖 AC 分。

（2）年度业绩总排名第一名者，可获得公司特别奖。

2. 积分总排名

（1）全员按当月/年 B 分值进行排名。月度前三名可以奖 AC 分。（考虑到前三个月积分可能缺乏科学性、平衡性，暂不作激励，只公布名次，自 6 月份开始执行各项奖励。）

（2）如果当月同时获得两项排名奖，按合计奖分的 70% 计。

（3）连续两个月都是第一名的，特别奖励＿＿＿股份 1 股。

（4）月度及累计积分前三名员工，在公司积分英雄榜上张贴个人彩照。

（5）根据年度积分排名，核发年终奖励。

3. 方阵 ABC 排名

（1）根据上一年度员工的业绩表现，将员工分成 ABC 多个方阵，并分

别进行业绩 PK。

（2）二线人员作为非专业绩效顾问，分在特别方阵做业绩 PK。

（3）业绩 PK 第一名将分别获得 AC 分奖励（但分值有差别）。

（4）为鼓励富有激励性的公平的业绩竞赛，公司支持对赌式的 PK。

4. 进步奖排名

（1）工作未满一年的员工采用环比式（与上月或基期比）、工作满一年的员工采用同比式（与上年同月比），以业绩增长率作为对比规则，增长率最高的视为进步最大的员工。基期是指公司为某位员工指定的基期。

（2）增长率前三名的员工，将获得 AC 分奖励。

5. 新员工排名

（1）根据入职时间，通常入职满两个月不足 6 个月的，在一起排名。

（2）排名主要依据业绩成果。每月排名第一者将获得 AC 分奖励。

6. 单项业绩排名：

（1）对每个课程或项目进行排名，也可根据需要采用方阵式排名规则。

（2）目前选定的单项业绩包括（个人达标的按高位奖，未达标的按低位奖）：

a. ＿＿＿月度新增会员人数。（人均目标：＿＿＿）

b. ＿＿＿月度新增合伙人人数。（人均目标：＿＿＿）

说明：由于公司规模较小，主要管理层未参与积分，因此不设管理层排名。

附录1-5：某企业年度绩效合同书

甲方：×××公司

乙方：（自然人）

  为实现公司战略发展目标，充分发挥乙方的主动性与价值创造能力，规范双方的权、责、利、效关系，维护双方权益，促成共赢，经协商，甲乙双方特签订本绩效合同书。

  一、任命与任期：

  任命乙方为<u>采购业务部总监</u>，任期为____年____月____日至____年____月____日，任期内乙方全面负责采购业务部各项工作。

  二、公司年度重要经营管理目标

  乙方有责任与公司全体高层共同达成以下经营目标，并将该经营目标列入乙方的年度绩效考核。

考核项目	权重	上半年	下半年	合计
税前利润（万元）	50%			
营业额（万元）	20%			
新业务毛利额（万元）	10%			
营销费用率	10%			
非管理层级员工平均工资（元/月）	5%			
重点运营计划达成	5%			

  注：此处"税前利润"指老店利润，新店弹性利润（亏损）根据实际开店数进行减除。

  1. 考核期间为2018年1月1日至2018年12月31日。在农历春节前做年度绩效考核。采用5分制，达标即为3分，每超或低1%分别加或扣0.04分。

  2. 如考核过程中客观情况发生重大变化，对经营或管理业绩结果产生较大影响，甲方在充分征求乙方意见的基础上有权对年度工作目标进行修订，或乙方组织详实材料向甲方申请调整工作目标。

三、部门经营目标与管理价值

部门	实现目标与价值
采购业务部	①推动品类管理模式的建设,培养与建立一支专业的采购精英团队
	②奉行低价营销竞争策略,不断寻求供应商的各种支持
	③保证畅销商品的缺货率低于公司规定的标准水平
	④对公司营运利润负责,实现利润最大化并有效提升市场占有率
	⑤主导公司促销活动,设计更多有效的促销主题,培养消费者的忠诚度,提高满意度
	⑥与供应商保持相互支持的合作关系,实现互利共赢
	⑦从采购源头保证商品质量达到国家有关标准
	⑧做好市场分析与采购计划,控制商品库存周转,使公司资金效率与价值得到最大体现
	⑨加大力度开发适销对路与高毛率新品,并逐步提高生产厂商直接供货比率
	⑩优化改善内控流程与工作标准,保证核心能力与采购管理水平高于竞争对手
	⑪实现自动化、流程化操作,不断降低配送成本及损耗率,提高配送效率

四、年度重点营运计划

2018 年	重点营运计划
1 月	组织供应商年会;新开发 15 家供应商,签订新供应商合同
2 月	关注 A 类商品销售,订立全年销售计划,组织铺货
3 月	新产品采购计划启动与销售,落实旧品淘汰
4 月	新品陈列、门店陈列检讨与改进;竞争对手策略分析与整改
5 月	员工技能培训考核
6 月	库存大盘点及清理库存
7 月	推动部门流程梳理,提出优化方案
8 月	同步组织技能考试
9 月	节日促销活动

续上表

2018年	重点运营计划
10月	全面预算启动,竞争对手策略分析与整改
11月	员工技能培训考核;完成经营分析及新年全面预算
12月	库存大盘点及库存清理;完成年度计划与总结;筹备供应商年会

说明:

①阶段性计划不宜调整。各项营运行动计划必须细化至周、日。各项常规工作及新增核心计划根据需要列入重点管控。

②月度K目标需同步订立月计划、周计划,总监级需每月、周组织检视和总结,指导下属改善绩效。

五、考核激励办法

1. 月度考核激励办法(略)。

2. 根据本部门2018年经营与管理目标实施年度绩效考核办法,实行5分制,最高为5分,最低为1分。

3. 乙方应对月度绩效考核中业绩完成不好的项目重点检讨跟进,并实现逐步改善的绩效目标。

4. 在任职期满时,根据年度考核的评估结果,甲方对乙方进行岗位调整。对业绩结果达到或超出预期的,可给予年度奖励、年度调薪或予以晋升。

5. 为提升公司执行力与推行结果导向,甲方逐步将红绿黄灯管控制度、项目计划执行情况等以CPI的方式列入年度考核。

6. 乙方年度考核结果直接与乙方年薪挂钩计算,挂钩计算幅度按下表:

年度考核分	年薪计发比例	年度考核分	年薪计发比例
1.0～1.4	50%	3.3～3.4	110%
1.5～1.9	70%	3.5～3.6	130%
2.0～2.4	80%	3.7～3.9	150%
2.5～2.9	90%	4.0～4.4	180%
3.0～3.2	100%	4.5～5.0	200%

六、乙方责任义务

1. 乙方应带领团队全力以赴完成业绩目标。
2. 乙方对业绩目标的达成结果主动承担责任。
3. 乙方应对未达到预期目标的工作项目进行检讨及整改，实现绩效提升。

七、乙方权益

1. 根据甲方《薪酬绩效管理办法》，获得劳动报酬、各类奖金奖励的权利。
2. 根据甲方授权，乙方行使部门负责人的经营与管理权限。

八、甲方责任义务

1. 为乙方提供必要的资源与政策支持。
2. 为乙方创造良好的服务与管理环境。
3. 按有关规定及本合同书兑现奖励及其他承诺。

九、甲方权益

1. 如乙方无法达成经营管理目标或未按甲方规定履行管理责任的，甲方有权调整对乙方的任命。
2. 有权调整乙方的经营方式、资产、资金管理，并行使控管决策权。
3. 有权依照公司绩效管理的有关规定对乙方进行考核与处理。

十、考核说明

本合同书应结合并依据《2018年月度KSF薪酬考核表》的具体事项施行。

十一、其他

1. 本合同书一式二份，甲乙双方各执一份。
2. 本合同书经甲方指定代表、乙方本人及人力资源部指定审核人签名后即行生效。

甲方：   乙方：

代表：   总监：

日期：   日期：

公司人力资源部审核人签名：   日期：

附录1-6：某公司绩效目标收益分配方案&协议书

文件名称：×××公司绩效目标收益分配方案		编号：	
起草人：	核准人：	审阅人：	批准人：
修改人：	核准日期：	审阅日期：	执行日期：
版本号：	变更记录：	变更原因：	
发放部门：			

1　目的

为了植入利他共赢企业核心价值观，凝聚团队共同发展，为员工创造个人发展机会，让全体员工分享公司发展成果，特制订本方案。

2　适用范围

适用于×××公司全体在职员工。

3　职责

3.1　由×××咨询顾问公司负责本方案的起草、修订及解释。

3.2　财务部负责毛利润预测评估、实际毛利润的核算、绩效分配的核算。

3.3　总经理助理负责绩效目标收益分配方案协议的申请、签订、变更与具体解释工作。

3.4　董事会负责对本方案进行审核和决议。

4　内容

4.1　基本原则

4.1.1　由员工根据本人意愿自由选择、自愿参加的原则。

4.2　绩效目标收益分配方案与分配方式

4.2.1　员工以缴纳收益金的方式参加本方案，并按实际绩效结果获得收益分配，协议期满公司按不计息退还收益金。收益金核定为500元/份。

4.2.2　本方案实施第一年时间为2018年1月1日至2018年12月31日。如第一年实施顺利，全公司有50%以上符合条件的员工愿意参与，将继续推行。

4.2.3　愿意参加本方案的员工，按照一定的份数缴纳相应的收益金、签订《×××公司绩效目标收益分配方案协议》（以下简称本方案），即可享受公司的绩效分配。具体分配方式，详见本方案4.6条。

4.2.4 本方案正式实施后公司协议期内每6个月公示一次公司毛利润核算报表（核算口径详见本方案4.5条），并安排一次绩效收益分配。

4.2.5 绩效收益分配的多少与绩效目标（指毛利润目标）的实现结果直接相关，与个人工资、奖金、福利无关，不影响员工的劳动报酬。

4.3 实行绩效目标收益分配方案的基本要求

4.3.1 实施条件。

4.3.1.1 占公司总数50%以上的员工对共同参加本方案意愿明确，认同公司协议期年度销售目标与毛利润目标。

4.3.1.2 符合公司认可的其他条件。

4.3.2 员工参加本方案的基本条件。

4.3.2.1 凡入职满两个月的员工均有参与资格。

4.3.2.2 愿意在本公司工作一年以上。

4.4 绩效目标收益金份额标准与确定原则

4.4.1 标准份额。

高管（份）		中层（份）		员工（份）	
基准	上限	基准	上限	基准	上限
60	160	60	100	10	20

4.4.2 具体份数由经理与总经理结合以下几个方面，在基准份数的基础上确定，但最终份数不得超过上限标准。

4.4.2.1 入职年限。

入职年限每满1年增加1份（该额度可跨年度累计）。

4.4.2.2 优秀员工特别奖励。

每获得一次年度优秀员工奖励的可增加2份。

4.4.2.3 积分排名特别奖励。

获得季度排名奖励第一名的可增加1份。获得年度排名前三名的可分别增加10份、8份、5份，两项配额增加可以重复享有。

4.4.2.4 专业技术。

通过公司专业技术测试或评价，达到岗位核定工作标准的，可增加1份，最多可增加10份（该额度仅限次年度有效，不可跨年度累计）。

4.4.2.5 销售能力。

个人月度销售在本公司排名第一名，次年度可增加1份，最多增加5份（该额度仅限次年度有效，不可跨年度累计）。

4.4.2.6 其他。

因重大贡献或重大失职、失误，给公司带来经济效益或经济损失，以及受到顾客表扬或投诉等情况，经公司经理评估，并报总经理批准，可根据实际情况对其次年度份数酌情增、减1～10份（该额度仅限次年度有效，不可跨年度累计）。

4.5 毛利润计算标准

4.5.1 公司将在员工实行本方案之前将公司相关数据和毛利润目标核算方式如实提供，由员工自主选择是否参加本方案。

4.5.2 收入项目。

主营业务收入净额（指实收回款）。

4.5.3 成本项目。

主营业务成本（指原材料与辅料）。

4.5.4 费用项目（公司指定的可变费用，其他费用不计）

工资、奖金、社保、水电燃气费、电信费、办公费、差旅费、维护费、业务宣传费、行政费、物料消耗费、卫生费、福利费、低值易耗品摊销、营业外支出、主营业务税金及附加、刷卡费（未含固定资产折旧费、房租和企业所得税及财务费用等）。

4.5.5 毛利润计算公式：

毛利润＝收入项目－成本项目－费用项目（可变）

4.6 绩效收益分配计算方式

4.6.1 为保障员工基本利益不受影响，公司特别采取对员工所缴纳收益金进行保底的方式，无论公司在本方案协议期内的毛利润状况如何，保证收益金的分配率至少不低于10%，同时考虑到公司属于传统行业，在对目标数据进行理性分析的基础上，对收益金的分配率封顶至30%。即员工收益金的绩效分配率保持在10%～30%。结合员工工作时间，计算公式为：

员工个人年度绩效分配金＝（绩效分配率×个人收益金）/12×参加时间（月）

4.6.2 公司在本方案协议期内（2018年1月1日—2018年12月31

日）的经营目标。

目标	基础目标	激励目标	挑战目标
销售额	___万元	___万元	___万元
毛利润	___万元	___万元	___万元

4.6.3 绩效分配率计算办法。

目标	基础目标	激励目标	挑战目标
毛利润	___万元	___万元	___万元
绩效分配率	10%	20%	30%

当毛利润目标达成率在____～____时，以级差____万元为基础，以超____万元的超出部分除以____万元后的比率乘以10%，得出超10%后的分配率。

当毛利润目标达成率在____～____时，以级差____万元为基础，以超____万元的超出部分除以18万元后的比率乘以10%，得出超20%后的分配率。

举例：

1) 公司实际毛利润目标达成额为____万元，计算办法为

绩效收益分配率 = (____ - ____) ÷ (____ - ____) ×10% +10%

2) 公司实际毛利润目标达成额为234万元，计算办法为

绩效收益分配率 = (____ - ____) ÷ (____ - ____) ×10% +20%

4.6.4 绩效收益分配每6个月计算和核发一次。但在协议期前6个月按保底线预发5%（不满3个月的暂不发，满3个月不满6个月的按实际工作月份数计算），如果达成情况超预期，董事会可提出增发。整年实际绩效收益分配金在本方案年度结束后1个月左右计算发出。

4.6.5 员工确有资金困难，经本人主动申请并获得公司总经理批准的，在按应购份额上交50%的收益金后，剩余的50%可在前6个月从个人工资中支出，但从个人工资中支付的收益金只能按绩效分配率的6折计算，只参与年度绩效收益的总分配。

4.7 操作流程

4.7.1 申请参加本方案流程。

4.7.1.1 员工以书面形式向公司申请，填写《自愿参加〈×××公司绩效目标收益分配方案〉申请书》。

4.7.1.2 经经理审核、总经理助理复核、总经理审批后有效。

4.7.1.3 员工凭申请表到财务部交纳收益金后，到总经理助理处签订《×××公司绩效目标收益分配协议书》，一式三份，员工本人一份，总经理留存一份，财务部留存一份。

4.7.1.4 原则上每年2月、5月、8月、11月的下旬受理新签或追加收益金，其他时间不予受理。

4.7.2 员工因各种原因，需要撤销本方案协议的，具体操作流程如下：

4.7.2.1 员工填写《解除〈×××公司绩效目标收益分配协议书〉申请书》。

4.7.2.2 经经理、总经理助理审核，总经理审批后有效。

4.7.2.3 到总经理助理处签订终止协议。

4.7.2.4 财务部核实收益金情况，收回收据，退还收益金。

4.8 绩效收益分配金的发放流程

4.8.1 协议期内每6个月公布一次财务信息，即每年12月、6月由财务部发布。

4.8.2 经理、财务经理应对数据进行审核，报总经理审批。

4.8.3 由财务部于每年1月20日发放协议期前6个月绩效收益分配金，7月20日发放协议期当年整体绩效收益分配金。

4.8.4 绩效收益分配金涉及的个人所得税由员工个人承担。

4.9 请假处理

4.9.1 事假、病假：如果一个月中休事假、病假超过10天（含）以上者，保留份额，但当月绩效收益分配取消，如请事假、病假超过1个月者，公司有权解除与其签订的本方案协议书，并按月息0.5%退还收益金（不满整月的不予计算，以下同）。

4.9.2 年假、丧假、婚假、产假：正常享有绩效收益分配（按公司考勤管理制度，产假标准为3个月，超出部分按事假处理）。

4.10 权利与义务

4.10.1 财务部应按上述规定对财务信息做到及时、客观、准确公布,并主动接受参与本方案的员工的监督与质询。

4.10.2 全体员工在经营过程中,必须遵守公司各项规章制度,对严重违反公司制度或违规屡教不改者,公司有权视其情节随时解除本(方案)协议,并自协议解除当月起不再享有绩效收益分配。

4.10.3 员工必须服从公司整体的经营方针策略,如不能认同公司的经营理念和企业文化,并不服从公司整体的经营方略执行者,可选择解除本(方案)协议。

4.10.4 公司对参加本方案的员工在顾客服务上要求比其他员工有更高要求,如出现个人经济问题、操守问题的,公司有权视其情节解除本(方案)协议。

4.10.5 员工应遵守公司整体的费用划分原则,对于公司统一的、合理的、必要的费用支出及资源调拨、人员调配,应予以理解与支持,不能干涉公司的正常经营决策。

4.11 终止绩效目标收益分配方案(协议)

4.11.1 辞职、辞退:协议自辞职、辞退之日解除,协议解除后一个月内以月息0.5%退还收益金及利息补偿,离职员工自离职当月起不再享有本(方案)协议约定的绩效分配(备注:退款时需凭收益金收款收据,并将收据交还公司。以下同)。

4.11.2 员工在协议期内发生重大违规违纪行为,达到被公司违纪辞退标准的,公司有权解除与其签订的本(方案)协议书,并自解除当月起不再享有本(方案)协议约定的绩效分配,无息退还收益金。

4.11.3 本(方案)协议一般以连续12个月作为一个协议年度,到期后个人可无条件无息收回收益金,也可继续签订下一年度绩效目标收益分配(方案)协议。

5 其他

5.1 本方案自2018年1月1日起试行,试行过程中如客观情况发生重大变化,对经营或管理业绩结果产生重大影响,公司有权对相关条款进行适当修订

5.2 本方案解释权归董事会所有,如有条款不明确,或对数据有疑义的情况,可咨询董事会指定人员

5.3 为鼓励各层级员工与公司长期发展,公司对参与本方案员工特别

制定赠送干股政策。凡参与本方案的所有员工，均可获得相应的干股份红权：高层每年____～____万元干股、中层每年____～____万元干股、核心技术人员每年____～____万元干股、其他参与员工每年0.3万元干股。干股的收益分配率参照本方案中规定的绩效分配率执行。本项激励属公司特别激励，如员工未能完成本（方案）协议期规定的年度工作时间，不享有本项激励。

5.4 凡参与本方案的所有员工，根据缴纳的收益金，在×××或关联企业未来实行的实股、期权改造中，可优先转化为投资股本

5.5 本方案可作为绩效目标收益分配方案（协议）之有效附件

6 本方案附件

附件1 ×××公司绩效目标收益分配协议书

附件2 ×××公司绩效目标收益分配方案终止协议书

附件3 自愿参加《×××公司绩效目标收益分配方案》申请书

附件4 解除《×××公司绩效目标收益分配方案协议书》申请书

附件5 干股授予证书（正本）

附件6 《×××公司绩效目标收益分配协议书》之增资协议

附件1：

×××公司绩效目标收益分配协议书

甲方：_____有限公司（以下简称公司）

法定代表人：

地址：

电话：

乙方：　　　　　　（身份证号码：　　　　　　　　）

地址：

电话：　　　　　　手机：

鉴于乙方为甲方员工，甲乙双方经友好协商，在平等自愿、共赢发展的基础上，就公司绩效目标收益分配方案相关约定达成如下协议，以供双方共同遵守：

一、绩效目标责任约定

1. 本协议有效期：自____年___月___日起至____年___月___日止。

2. 甲乙双方确认乙方参加公司绩效目标收益分配方案份数共____份，每份收益金金额为人民币____元，共计收益金总额为人民币____元，其中人民币____元在本协议签订之当日付清，其余款项人民币____元在本协议签订之日起计分____个月，每月按人民币____元，乙方同意委托甲方直接从乙方个人工资中直接扣除。乙方支付完全部收益金后，甲方向乙方出具收款收据。

3. 甲方每年1月20日按《×××公司绩效目标收益分配方案》规定发放协议期前6个月的绩效收益分配金，7月20日发放协议期整体绩效收益分配金。

二、双方权利与义务

1. 甲方在协议期内两次绩效收益分配前，必须如实以×××公司经营工作会议方式公布相关经营信息与财务数据。

2. 甲方必须确保乙方投入收益金的安全，按约定履行发放绩效收益分配金等义务。

3. 乙方须按本协议约定，向甲方支付收益金，否则视为乙方放弃参与绩效目标收益分配方案。

4. 乙方委托甲方全权处理收益金分配等相关事宜，甲方对乙方参加收益分配金所涉及的相关全部事项，有权直接予以处理，而无须通知乙方。

5. 本协议期限内，乙方必须遵守公司各项规章制度，若乙方严重违反公司制度或违规屡教不改，公司有权视其情节轻重，随时单方解除本协议，协议自甲方通知送达乙方之日起即解除，并自本协议解除当月起，乙方不再享有绩效收益分配。

6. 乙方必须服从公司的各项管理及整体的经营方针策略，如不认同公司的经营理念和企业文化，或不服从公司整体的经营方略执行的，可提出书面申请，与公司协商解除本协议，且自本协议解除当月起乙方不再享有绩效收益分配。

7. 本协议所指的绩效收益分配，不得赠与、转让、继承等，乙方被解聘或辞职或因各种原因需要离开公司时，收益分配金的处理按《×××公司绩效目标收益分配方案》执行。

8. 其他事项完全按照《×××公司绩效目标收益分配方案》的规定执行。

9. 乙方承诺已清楚阅读并充分理解《×××公司绩效目标收益分配方案》的规定，并完全认可、同意按该方案执行。

三、通知送达

1. 甲乙双方应按协议首页所列双方地址向对方发送书面通知。任何一方改变通讯地址及通讯方式，应在改变后的36小时内通知对方。如未接到对方的改变通知，则发往上述地址的通知在下款规定的时间后即应视为已送达。

2. 通知以传真方式发出，则以发出时间为送达时间；以专人手递方式送达的，则以收件人接收通知时间为送达时间；以邮寄、快递方式送达的，则以寄出后第3个工作日为送达时间。

四、本协议一式三份，甲方总经理、甲方财务部、乙方各留存一份。甲方收据及《×××公司绩效目标收益分配方案》为本协议附件，均具有同等的法律效力。如本协议内容与《×××公司绩效目标收益分配方案》有冲突的，以《×××公司绩效目标收益分配方案》为准。

甲方（盖章）：　　　　　　　　　乙方（签字）：
代表签字：　　　　　　　　　　　身份证号码：
日期：　　　年　　月　　日　　　日期：　　　年　　月　　日

附件2：

×××公司绩效目标收益分配方案终止协议书

甲、乙双方于____年____月____日签订了《×××公司绩效目标收益分配协议书》（下简称《协议书》），现双方在自愿、平等、友好协商的基础上，就《协议书》的终止达成以下协议：

一、协议书自____年____月____日起解除，解除当月起，乙方不再享有协议书中约定的绩效收益分配权利。

二、甲方在本协议书解除之日起一个月内，向乙方退还收益金人民币____元，并按《×××公司绩效目标收益分配方案》规定，向乙方支付利息补偿或绩效分配金人民币____元。乙方收款后，双方就《协议书》而产生的债权债务终结。

三、本协议一式两份，双方各执一份，自双方签字或盖章之日起生效，均具有同等的法律效力。

甲方（盖章）： 乙方（签字）：
代表签字： 身份证号码：
日期：　　年　　月　　日 日期：　　年　　月　　日

附件3：

自愿参加《×××公司绩效目标收益分配方案》申请书

本人＿＿＿＿＿＿自愿参加×××公司推行的绩效目标收益分配方案，向×××有限公司申请＿＿份、共计人民币＿＿元的收益金，申请期限为＿＿年，即自＿＿年＿＿月＿＿日起至＿＿年＿＿月＿＿日止。本人承诺遵守公司的各项规章制度，认同公司的经营理念和企业文化，服从公司整体的经营方针策略。同时，本人已充分阅读、理解、认可并同意按《×××公司绩效目标收益分配方案》执行。

申请人：

身份证号码：

申请时间： 年 月 日

附件4：

解除《×××公司绩效目标收益分配协议书》申请书

本人＿＿＿＿＿＿由于个人原因，特向×××有限公司（下简称公司）申请解除本人与公司签订的《×××公司绩效目标收益分配协议书》，解除生效时间为＿＿年＿＿月，本人清楚并确认解除生效之月起，不再享有公司的绩效收益分配，利息补偿按《×××公司绩效目标收益分配方案》规定执行。

申请人：

身份证号码：

申请时间：　　年　　月　　日

附件5：

干股授予证书（正本）

授予人：

被授予人：　　　　　　　（身份证号码：　　　　　　　　　　　）

　　根据《×××公司绩效目标收益分配方案》《×××公司绩效目标收益分配协议书》，授予人决定对被授予人授予×××有限公司干股＿＿＿＿＿份，享有与收益金同等绩效分配权益，有效授予期为＿＿＿＿年＿＿＿＿月＿＿＿＿日至＿＿＿＿年＿＿＿＿月＿＿＿＿日。

　　授予人与被授予人均同意以下条款：

　　1）此干股份数属公司有条件赠予。因此本身不具备货币价值，不得转让、继承及用作其他用途。

　　2）被授予人在有效授予期内离职的，此授予自动终止执行。被授予人不具有绩效分配权益。

　　3）本证书的正本由授予人负责存档，副本由被授予人持有。被授予人在有效授予期内离职或在获得绩效分配时，必须将本证书副本原件返还给授予人。

授予人（盖章）：　　　　　　　　　　被授予人（签字）：
代表签字：　　　　　　　　　　　　　身份证号码：

证书发出时间：　　　　　　　　　　　年　　　月　　　日

附件6：

《×××公司绩效目标收益分配协议书》之增资协议

经乙方申请，乙方自愿增加投入收益金____份，合计人民币_____元。与乙方____年____月____日签订《×××公司绩效目标收益分配协议书》时投入的收益金相加，共计投入收益金_____份，共计人民币_____元。同样享有《×××公司绩效目标收益分配协议书》及《×××公司绩效目标收益分配方案》规定的各项收益。

甲方（盖章）：　　　　　　　　　乙方（签字）：
代表签字：　　　　　　　　　　　身份证号码：
日期：　　年　　月　　日　　　　日期：　　年　　月　　日

附录1-7：某企业内部合伙人激励计划书

第一章　总则

第一条　目的

1. 本计划所称的"合伙人"是指企业内部的合伙人，是公司针对具备一定条件的在职管理人员所进行的分红权激励机制，本制度属于员工激励。

2. 通过合伙人激励增加值把公司和经营管理层的利益紧密联系起来，逐步达到从利益驱动到利益联合的转变，促使公司核心管理人员的行动、决策与公司意志、公司的战略目标保持一致，促进公司平衡稳健发展，确保经营价值的最大化。

3. 通过建立与完善长效激励增加值，补充公司现有的激励机制，确保在人才市场上能够提供具有竞争力的整体薪酬包，通过激励留住实现公司战略目标所需要的中高层管理人才。

4. 通过采用内部合伙人激励，进一步优化管理层薪酬结构，加强管理层凝聚力与归属感，稳定核心管理人才队伍。

5. 通过实现公司持续稳健经营，让核心管理层不断分享公司的经营成果。

第二条　指导原则

1. 长效激励的原则。
2. 与员工携手发展、共同分享的原则。
3. 以上年度经营数据为基础，增值激励原则。
4. 切实保障公司"内部合伙人"基础利益的原则。
5. 符合条件、自愿参加的原则。

第二章　内部合伙人资格

第一条　内部合伙人对象和条件

1. 内部合伙人的对象。
（1）公司部门主管（含）以上人员；
（2）自营门店店长；
（3）对公司发展有特殊贡献人员。

2. 除以上基本条件外，内部合伙人还需满足以下条件：

（1）愿意长期与公司一起成长、发展；

（2）同意遵守本计划书的相关规定与要求；

（3）经公司 KSF 考核达到职位任职条件与工作标准；

（4）在职期间内没有发生严重的违规违纪及损害公司利益行为；

（5）担任主管或以上职务期限 6 个月以上。

第二条　内部合伙人资格的取得

符合上述条件和对象的管理者，向公司提交申请，经审核同意，并向公司按时交付合伙金后，即成为公司内部合伙人。

第三章　内部合伙人保证金

1. 职业合伙人应向公司缴纳一定金额的合伙金。本轮合伙金为每份人民币5000元。以后新入伙的职业合伙人将依据公司利润回报情况重新确定合伙金缴纳标准。

2. 职业合伙人应在 2018 年 12 月 31 日前完成合伙金的缴纳。

3. 职业合伙人的合伙金只作为合伙人身份保证之用，与投资股本无关。合伙人无须对公司的亏损负责。

4. 由公司统一对职业合伙人缴纳的合伙金进行管理，并对合伙金的使用、安全负责。

5. 合伙金不可视作股本转让。合伙人资格也不可转让。

6. 随着公司管理机制的规范、财务制度的健全，公司将逐步推行股权变革，未来将把核心管理层缴纳的合伙金逐步转变为认购股。公司也将为职业合伙人提供优先的共同投资、合作发展的职业与事业机会。

第四章　内部合伙人的权利与义务

1. 有权依照本计划书的有关规定获得增加值的分红权。

2. 在合法权益受到侵犯时，有权向公司申请调解。

3. 不得利用不正当手段威胁或迫使公司提前行权、违规行权，或获得不正当收益。

4. 应认真遵守公司各项规章制度，维护公司权益与形象，保守和保护公司的商业秘密。

5. 应妥善保管公司各项经营、管理资料。不得将本计划书及相关协议泄露给公司无关人员或公司以外的任何人。

6. 不得在与公司存在竞争关系的其他任何单位工作、兼职或直接（间接）持有其股份。在作为公司内部合伙人期间无论是否与公司签署了竞业限制协议，均不得与公司进行同行业竞争。

7. 提前退出内部合伙人计划的，并已缴纳合伙金，次月以千分之五支付给合伙人合伙金利息补偿，提前退出的合伙人当年不再享有各种分红。

8. 如属于被开除合伙人资格的，合伙人本人须对违规行为负责。经公司专职人员调查、核实后，对合伙人依规进行处罚，并承担责任及损失，从个人缴纳的合伙金中扣除罚款、赔偿，内部合伙人被开除合伙人资格的，当年不再享有分红权，各种权益自动失效，合伙金余额在处罚生效后的60日内返还。

9. 如公司合伙年度利润为负增长时，公司将终止总部内部合伙人计划的继续实施。

第五章　内部合伙人退出机制

第一条　内部合伙人资格的终止

内部合伙人如发生以下行为之一的，交由董事会决议，将被立即终止内部合伙人资格：

1. 私自收取合作方、供应商红包好处费的。
2. 向合作方、供应商输送利益，损害公司利益的。
3. 由于工作失职（负主要或直接责任），导致重大人员伤亡事故或造成公司单项直接经济损失达到3万元以上的。
4. 利用公司平台从事自己个人或家族的经营业务，从而非法获利的。
5. 公司有其他明确规定的，经公司决定的。
6. 被降职至部门副职以下管理职位的。
7. 合伙项目总年度目标业绩达成率低于80%的。
8. 与公司同事发生严重冲突，或有甲方、供应商重大有效投诉的。
9. 被追究刑事责任或治安处罚的。

第二条　内部合伙人的退出机制

1. 内部合伙人在公司公告年度经营状况报表前自动离职或由于违规违纪被公司辞退的，视作自动终止内部合伙人资格。
2. 内部合伙人如果自愿退出的，须填写《关于自愿退出内部合伙人计划的申请表》，交公司领导审批。

3. 内部合伙人自愿退出或被终止、开除合伙人资格的，当年不再享有分红权，各种权益自动失效。

4. 内部合伙人自动退出、被终止内部合伙人资格的，在公司审核个人正常履职行为后，其个人缴纳的保证金本金及利息补助将于批准生效后的30日内返还。

第六章　内部合伙人分红规定

第一条　分红的条件和依据

内部合伙人分红的条件：

1. 内部合伙人在职并经年度全绩效考核达到基础分。
2. 内部合伙人无严重渎职失职、违规违纪及损害公司利益行为。
3. 本年度公司将逐步实现按各内部合伙人的超价值贡献进行分配。

第二条　内部合伙人团队分红目标的依据

以公司2018年度营业利润为年度基值。

第三条　分红利润计算方法

计算公式如下：

营业利润＝直接营业收入－经营成本－可控变动费用

其中，可控变动费用包括：员工工资、福利、提成、办公费用、促销费用、差旅费、业务招待费、低值易耗品（待摊、折旧、学习费、公司管理费不纳入考核费用）。详见下表：

人工工资	支付给员工的工资、补助、加班费、奖金
福利费	过节费、月饼、水果、员工工作餐
办公费	办公用品、办公设备与维护、桶装水
差旅费	出差费用及食宿（不含出差过程的接待）
业务招待费	对外接待、烟、酒、茶叶等
水电费	公司各月的水电费用
管理费	甲方管理费
培训教育费	公司安排的外派培训支出及请外部老师培训支出
其他低值易耗品	以上项目以外的经营支出
社会保险	公司承担的员工各种社会保险费用

营业增值利润 = 年实际营业利润 − 目标营业利润基值

第四条 不同层次、不同职位的内部合伙人，对于自己的 KSF 资格分都有不同的界定

1. 若连续两个月都不能达到基础资格分的，或半年得分低于基础资格分的即可中止合伙人资格，按合伙保证金额给予合伙保证金利息。

2. 半年累计 KSF 考核达不到资格分的，只享受最低内部合伙人的分红。

第五条 合伙人增值部分激励依据

第六条 分红程序

1. 公司于每半年核算一次，每年农历春节前 15 天内公布上一会计年度的经营状况，每月公布一次上月经营结果。原则上于每年农历春节 7 天前完成分红的分配。

2. 内部合伙人的增加值分红优先于股东的净利润分红。即在完成内部合伙人的分红之后方才计算公司的净利润。

第七条 公司的权利与义务

1. 合伙期满后公司有权审定和修改内部合伙人计划与入伙资格。

2. 根据本计划有关约定，有权调动、终止、开除内部合伙人的资格。

3. 有权对空缺岗位进行人员配置，并分配分红比例。

4. 本计划书暂定试行半年，公司不得无故中止（终止）本计划书的执行。

第七章　附　则

第一条 执行、修改与解释

1. 本计划书经公司董事长批准，由财务部负责实施。

2. 本计划书的最终解释权归公司所有，委托公司财务部负责具体解释工作。

3. 本计划书的重大修改或增补文件须经董事长审核，经报公司董事会审议批准方有效。但对非主要条款的修改，由董事会直接批准后即可执行。

第二条 实施时间

本计划书自 2018 年 _1_ 月 _1_ 日起执行，有效期至 2018 年 12 月 31 日。

人力资源部：　　　营运部：　　　财务部：　　　董事长：

　　日期：　　　　　日期：　　　　日期：　　　　日期：

附录2 积分管理及绩效管理表格设计参考

附表2-1 积分设计模板之积分定义

岗位积分标准（A、B、C、D分）	
一、A分的定位	
1	A分无论正分、负分、直接累计B分。
2	超出或低于岗位基础分的A分，无论正分、负分，两倍计算至C分。
3	A分无奖券。
4	A分反映岗位核心价值、团队贡献的结果。通常根据A分评判员工的胜任力。
A分的拟定准则	
1	岗位的核心价值占80%，团队贡献占20%。表明人人都要先做好自己，但也要努力为团队、平台做出贡献。
2	岗位有很多价值或工作项目，但并非每一个项目都要考评、打分。只是找出重要的三、五项核心价值，并通过结果导向，反推其他细节工作。
3	积分虽然旨在奖励和管控重要的工作过程，但每个过程都必有结果。
4	公司对A分有一定的要求，不是送分，也不是记分，是在有明确的标准、认真的检视、严肃的态度之下，对员工工作过程与结果的客观认可。
5	A分与出勤天数有必然联系：员工请事假的按岗位基础分的1/22的比例逐天扣除，病假减半。
6	A分采用申请、检视、评价并行的机制，保证对分值的多方位激励与管控。
7	如当事人在申请积分时，有刻意隐瞒扣分或虚增奖分的，每发现一处按涉及分值的5倍扣除。
二、B分的定位	
1	B分又称为公共分、即时分、累积分。
2	B分持续累计、永不清零，奖励要按年度奖励或者阶段奖励。

续附表 2-1

3	B 分设计特定项目或按三原则设置奖券。可与福利分一起奖励，简称：BC 或 BD 分。	
4	B 分反映员工个人能力、贡献价值的表现。依据公共标准来制定。	
B 的拟定准则		
1	B 分作为对员工精神和荣誉激励的形式，主要用来间接表扬、奖励员工的劳动付出，引导员工参与企业文化建设、不与工资直接挂钩，是积分式管理的核心。	
2	员工的综合表现，全部用 B 分来检验，员工的 B 分越多，说明对公司的贡献越大，表现越好。B 分同时能体现即时奖励、带动氛围、综合测评的价值。	
3	B 分奖励方式分为三种类型：固定式、项目奖励、临时即时奖励。	
4	每季度或半年对 B 分累计进行排名，分为累计排名或阶段排名，累计排名是指员工入职以来的累计 B 分总排名，年度排名是指本年度累计排名。	
5	B 分的考核范围包含考勤、客户价值、团队精神、员工招育、好人好事等各个层面进行量化考核，并且不断继续完善。	
三、C 分的定位		
1	C 分就是福利分，又称：抵扣分、消费分。	
2	C 分来源就是从 A 分超出部分双倍获取，从 B 分的奖励中获取，不能与奖券同时使用。	
3	C 分设计非常简单，其实就是指可兑换的物质或福利。	
4	C 分体现公司人性化管理及短期可实现的即时激励。	
C 分的拟定准则		
1	C 分设定条件就是要根据公司现阶段的刚性需求。	
2	项目举例：会员开发、人才引荐、传帮带等。	
3	C 分设计重点在于强化公司福利体现，例如：节日福利、日常福利、培训旅游基金、重大福利等可用 C 分兑换。	
4	C 分的设计不能与奖券同时组合使用。	
四、D 奖券的定位		
1	D 就是指奖券，为了方便关联性所以定义为 D 奖券。	

续附表 2-1

2	D 奖券来源从 B 分奖励中获取。A 分不设置奖券。
3	D 奖券用于月、季度或年抽奖。
4	D 的奖励来源主要依赖三大原则：优秀、分外、特别之事。
\multicolumn{2}{c}{D 奖券的拟定准则}
1	D 奖券从 B 分中获取，也简称 BC 奖励，一般可定义为优秀特别之事。
2	奖券不宜过多，一般只用于抽奖。（可累积兑换银券、金券）。
3	D 奖券体现即时激励、快乐氛围、鼓励付出与快速行动。
\multicolumn{2}{c}{五、快乐大会 E 的定位}
1	E 是指快乐大会
2	定位是集工作总结、表彰、快乐、互动、庆祝、奖励为一体的员工活动。
3	借此创造快乐的绩效文化，建立有凝聚力的企业生态。

附表 2-2 积分设计模板之 A 分设计

姓名：　　　　　岗位：　　　　　基础分：＿＿＿分　　　　　考核月：2018 年 ＿＿月

岗位积分项目			具体标准	操作与检视	核准人	说明	总结与申请			
							结果说明	奖扣分	得分	特别申请加奖分
个人部分	基础分									
	奖分									
	扣分									
团队部分										
累计分值										

附表 2-3　积分设计模板之 B 分设计

姓名：　　　　　　　　　　岗位：　　　　　　　　　　　　　　　　　　　　　　　考核月份：2018 年　　月

类型	积分项目	操作要求与标准	频率	B 分	扣 BC 分	奖 BC 分	奖券 D ♥	定 ○	评 ●	检视人	得分
公共制度											
客户价值											
创新精神											
成长分享											
帮带新人											
正心、正语、正能量											

附表 2-4 积分设计模板之 C 分设计

企业： 制表人：

消费类别	C 分消费项目	是否有设定条件	操作说明
日常福利			
年节福利			
特定福利			
重大福利			

附表 2-5 积分设计模板之 D 奖券设计

企业：　　　　　　　　　　　　　　　　　制表人：

奖品可由四部分组成：一是物质；二是团队鼓励；三是福利机会；四是现金

奖品类别	物质类	团队鼓励类	福利机会类	现金类
奖品项目（月度）				
费用预算				
年度抽奖				
补充说明	1. 在奖品项目中可根据企业情况增加项目如：季度抽奖、半年度抽奖等 2. 在奖品类别中需具体注明奖品名称及数量			

附表2-6 导购岗位积分设置之A分设计

岗位积分申请——A分

岗位：导购　　姓名：_____　　基础分：200分　　考核：2018年　　月

岗位积分项目	全绩效水平衡点	权重	基础分（有公式）	加分（最好统一不动）	减分（最好统一不动）	操作与检视	核准人	结果说明	加减分	得分	高历史与平衡点差额	最高加分（有公式）	台阶	尺度提升量（有公式）	力度加减分（有公式）
个人部分 客单量	613.25	30%	60	每增加10单加3分	每减少10单减3分	K计划总结	财务部				125.5	40	13	10	3
个人部分 客单价	258.00	30%	60	每提升3元加2分	每减少3元减2分	K计划总结	财务部				58	30	19	3.05	2
个人部分 毛利额	31 129.75	20%	40	每提升500元加3分	每减少500元减3分	K计划总结	财务部				5418	30	11	492.55	3
个人部分 开发有效会员	14.25	10%	20	每多开发2人加5分	每少开发2人减5分	K计划总结	市场部				6.5	20	3.7	1.76	5
团队部分 门店销售额达成	90%	10%	20	每超过1%加1分	每少1%减1分	K计划总结	财务部				10%	10	10	1%	1
累计分值		100%	200						0%			130			

· 164 ·

附表 2-7 导购岗位积分设置之 B 分设计

岗位积分申请——B 分　　　　　岗位：导购　　　　　姓名：　　　　　考核：2018 年　　月　　　　　基础分值：600 分

类型	积分项目	操作要求与标准	频率	B分	奖D券	定	评	检视人	得分	类别及加减分频率	测算B分（不统计不定期之事分数）	测算D券	测算C分	设计原则
业务管理	销售大单	食品区销售额2000元以上；食品区以外销售额1000元以上	单	5	●	○		店长		每月52单	260	52		
	新会员排名	排名第一	周	20	●	○		店长		不定期				
	营运标准	陈列无空位、价签无空缺，并与商品相符；仪容仪表、工牌、服务用语、卫生达到营运标准	周	20	●	○	●	店长		不定期检查	80	4		
行为规范	全勤		月	50	●	○		人事部		假设每月达成	50	1	50	
企业精神	创新	合理化建议被采纳	项	20	●	○		店长		不定期特别之事			20	
	诚信	发现顾客遗留物品上交	次	20	●	○		店长		不定期特别之事			20	
团队协作	支援大型特卖会、展销会、新店开业等	在规定时间内完成工作	次	50	●	○	●	人事部		不定期特别之事	130	26	50	
	帮助其他品类销售	帮助其他品类销售	日	5	●	○		店长		不定期			130	

续附表 2-7

岗位积分申请——B 分

岗位：　　　　　姓名：　　　　　考核：2018 年　　月

类型	积分项目	操作要求与标准	频率	B分	奖D券	定	评	检视人	得分	类别及加减分频率	测算B分（不定期之事分数）	测算D券	测算C分	设计原则
传帮带		员工晋升（经理级加分）带教新人通过考核（员工加分）	人	50	♥	○		人事部		不定期特别之事				
学习成长	培训后积极分享	每次培训积极分享，以微信分享记录、分享现场照片为准	次	10	♥	○	●	培训师		假设每月达成2次	20	2		
	晨夕会商品知识、销售技巧、案例分享	以分享记录、分享现场照片为准	次	5	♥	○	●	店长		假设每月达成4次	20	4		
	推荐人才	推荐人员通过面试，规避亲属关系	人	50	♥	○		人事部		不定期特别之事				
推广		周促销转发至朋友圈两次	周	5	♥	○				不定期特别之事	20	4		
		周发布两条原创信息	周	5	♥	○		店长		不定期特别之事	20	4		
	微信推广	周年庆或大型活动微信头像更换为公司主题	次	5	♥	○				不定期特别之事、全年两次				
		凭个人发放的宣传资料回购	次	5	♥	○				不定期特别之事、全年两次				
累计分值：											600	97	270	

基础分值：600 分

备注：一线岗位每天不得超过三张券，奖分不能超过B分一半

附表 2-8 行政专员岗位积分设置之 A 分设计

岗位积分申请——A 分

岗位：_____ 姓名：_____ 基础分：200 考核：2018年

												测算加减分			
岗位积分项目	全绩效平衡点	权重	基础分(有公式)	加分	减分	操作与检视	核准人	结果说明	2018年月加减分	2018年月得分	最高历史与平衡点差额	最高加分(有公式)	台阶	尺度提升量(有公式)	力度加减分(有公式)
个人部分 盘点计划未履行次数	2	20%	40	不加分	每减少一次减4分	K计划总结	行政部			40	0	20	5	0%	4.00
工作失误次数	6	30%	60	不加分	每增加一次减3分	K计划总结	行政部			60	−4	30	10	−40%	3.00
办公用品费用额	1000	10%	20	每减少100元加2分	每增加100元减2分	财务数据	行政部			20	−600	10	6	100	1.67
团队部分 公司销售额	17 125 895.07	20%	40	每超5万加1分	每少5万减1分	财务数据	财务部			40	1 768 254	20			
公司毛利额	3 641 534.52	20%	40	每超1万加1分	每少1万减2分	财务数据	财务部			40	330 479	20			
累计分值		100%	200						0	200		100			

附表 2-9　行政专员岗位积分设置之 B 分设计

岗位:		姓名:		考核:			2018 年　月		基础分值: 600 分			
岗位积分申请——B 分									测算加减分			设计原则
类型	积分项目	操作要求与标准	频率	B 分	奖 D 券	评定	检视人	得分	类别及加减分频率	测算 B 分（不统计不定期之事分数）	测 D 券	测算 C 分
业务管理	提前完成工作要求	每提前一天完成各部门提报物料、维修需求、公司交办的工作	次	20	♥	○	部门经理		岗位要求，每月四次	80			业务管理类 3～5 项，总分 320 分；各部门 B 分只填此项。
	开发供应商	每开发一个优质供应商或采购途径	次	50	♥	○	部门经理		岗位要求，每月一次	50			
	降低费用	同等质量物料，降低成本	次	50	♥	○	部门经理		岗位要求，每月一次	50			
	完善公共设施	完善、改善办公设施环境	次	20	♥	○	部门经理		岗位要求，每月一次	20			
行为规范	全勤		月	50	♥	○	人事部			50	1		
	创新	合理化建议被采纳	项	20	♥	○	部门经理		不定期特别之事			20	
	高效	建立、完善流程作业表单	张	10	♥	○	部门经理		不定期特别之事			10	
		项目、流程、标准建立、完善、优化与总结	项	20	♥	○	部门经理		不定期特别之事			20	
	诚信	上交接受的礼品馈赠至行政部	次	20	♥	○	行政部		不定期特别之事			20	
企业精神	感恩	减少公司损失 1000 元以上	次	20	♥	●	总经办		不定期特别之事			20	
		为公司争得荣誉	次	20	♥	●	总经办		不定期特别之事			20	

续附表 2-9

岗位积分申请——B分

岗位：　　姓名：　　考核：2018年　月　　基础分值：600分

类型	积分项目	操作要求与标准	频率	B分	奖D券	评定	检视人	得分	类别及加减分频率	测算B分（不统计不定期之事分数）	测算D券	测算C分	设计原则
团队协作	支援大型特卖会、展销会、新店开业等	在规定时间内完成工作	次	50	●	○	人事部		特别之事			50	
	团队活动主持	以现场主持照片为准	次	50	●	○	人事部		特别之事				
	协助搬运办公物料工作	协助搬运办公物料工作	次	20	●	○	行政部		特别之事				
	分享工作经验	主动分享自己工作经验	次	50	●	●	部门经理		特别之事				
学习成长	传帮带	员工晋升（经理级加分）带教新人通过面试、考核（员工加分）	人	50	●	○	人事部		特别之事				
	推荐人才	推荐人员通过面试，规避亲属关系	人	50	●	○	人事部		特别之事	20	4		
推广	微信推广	周发布销售发至明友圈两次	周	5	●	○			特别之事	20	4		
		周发布两条原创信息	周	5	●	○	部门经理		特别之事				
		周年庆或大型活动微信头像更换为公司主题	次	5	●	○			不定期特别之事，全年两次				
累计分值：								0		290	10	210	

附表 2-10　收银岗位积分设置之 A 分设计

岗位积分申请——A 分

岗位：收银　　姓名：　　基础分：200　　考核：2018 年　　月

	岗位积分项目	全绩效平衡点	权重	基础分（有公式）	加分（最好统一不动）	减分（最好统一不动）	操作与检视	核准人	结果说明	加减分	得分	高历史与平衡点差额	最高加分（有公式）	合阶	尺度提升量（有公式）	力度加减分（有公式）
个人部分	销售额	741 013.65	40%	80	每增加 2 万加 4 分	每减少 2 万减 4 分	K 计划总结	财务部				211 131.56	40	10	21 113	4
	毛利额	175 601.68	30%	60	每提升 5 千加 4 分	每减少 5 千减 4 分	K 计划总结	财务部				42 089.22	30	8	5261.15	4
	开发有效会员	68.00	20%	40	每多开发 2 人加 2 分	每少开发 2 人减 2 分	K 计划总结	市场部				19	20	9	2.11	2
团队部分	门店销售额达成	90%	10%	20	每超过 1% 加 1 分	每少 1% 减 1 分	K 计划总结	财务部				10%	10	10	1%	1
累计分值			100%	200						0%			100			

附表2-11 收银岗位积分设置之B分设计

岗位积分申请——B分									基础分值：600分				
岗位：收银		姓名：				考核：2018年 月							
类型	积分项目	操作要求与标准	频率	B分	奖D券	评定	检视人	得分	测算加减分				设计原则
									类别及加减分频率	测算B分（不统计之不定期事分数）	测算D券	测算C分	
业务管理	按时存款	每日按照时间截点存款	周	40	♥	○	财务部		每月4周	160	4		
	报表及时无差错	各周每日报表及时无差错	周	40	♥	○	财务部		每月4周	160	4		与财务部具体沟通
	库存现金无误	无挂单、未出账、账款一致、无长短款	次	50	♥	○	财务部		不定期抽查	50	4		
	收发邮件	及时收发邮件并无遗漏宣讲门店相关内容	周	5	♥	○	店长		每月1次	20	1		
	有效会员卡任务达标		月	20	♥	○	客服部		不定期抽查	20	4		
	营运标准	积分兑换商品陈列、标签、仪容仪表、工装工牌、服务用语、卫生达到营运标准	周	20	♥	●	店长		不定期检查	80	4		
行为规范	全勤		月	50	♥	○	人事部		假设每月达成	50	1	50	

续附表 2-11

岗位积分申请——B分

岗位：收银　　姓名：　　考核：2018年　月　　基础分值：600分

类型	积分项目	操作要求与标准	频率	B分	奖D券	评定	检视人	得分	测算加减分 类别及加减分频率	测算B分（不统计不定期之事分数）	测算D券	测算C分	设计原则
企业精神	创新	合理化建议被采纳	项	20	♥	○	店长		不定期特别之事			20	
	诚信	发现顾客遗留物品上交	次	20	♥	○	店长		不定期特别之事			20	
团队协作	支援大型特卖会、展销会、新店开业等	在规定时间内完成工作	次	50	♥	○	店长		特别之事			50	
学习成长	传帮带	员工晋升（经理级加分）带教新人通过考核（员工加分）	人	50	♥	○	人事部		特别之事	20			
	推荐人才	推荐人员通过面试，规避亲属关系	人	50	♥	○	人事部		特别之事	20			
推广	微信推广	周促销转发至朋友圈两次	周	5	♥	○	店长		特别之事		4		
		周发布两条原创信息	周	5	♥	○			特别之事		4		
		周年庆完成大型活动微信头像更换为公司主题	次	5	♥	○			不定期特别之事，全年两次				
累计分值：										580	26	140	

一线岗位：每天得三张券；奖分不能超过B分一半

附表 2-12　店长岗位积分设置之 A 分设计

岗位积分申请——A 分

岗位：店长　姓名：　　　　　2018 年　月　　　　岗位积分：400

	岗位积分项目	全绩效平衡点	权重	基础分（有公式）	基础分 加分（最好统一不动）	减分（最好统一不动）	操作与检视	核准人	结果说明	加减分	得分	高历史与平衡点差额	最高加分（有公式）	测算加减分 台阶	尺度提升量（有公式）	力度加减分（有公式）
个人部分	客单量	3404.75	20%	80	每增加50单加3分	每减少50单减3分	K计划总结	区域经理				680.25	40	14	48.59	3
	客单价	148.74	20%	80	每提升3元加2分	每减少3元减2分	K计划总结	区域经理				54	40	18	3.00	2
	毛利额	127 471.08	30%	120	每提升2000元加6分	每减少2000元减6分	K计划总结	区域经理				20 963.22	60	10	2096	6
	人效	45 735.02	10%	40	每提升2000元加4分	每减少2000元减4分	K计划总结	区域经理				11 414.98	20	5	2283	4
	新会员开发	131.00	10%	40	每多开发2人加2分	每少开发2人减2分	K计划总结	区域经理				27	20	13	2.08	2
团队部分	直营门店商场销售额达成	90%	10%	40	每增加1%加2分	每减少1%减2分	K计划总结	区域经理		0%		10%	20	10	1%	2
累计分值			100%	400									200			

附表 2-13 店长岗位积分设置之 B 分设计

岗位积分申请——B 分								考核：2018 年 月		基础分值：400 分			
岗位：店长			姓名：								得分测算		
类型	积分项目	操作要求与标准	频率	B 分	奖 D 券	评定	得分	检核人	类别及加减分频率	测算 B 分（不统计不定期之事分数）	测算 D 券	测算 C 分	设计原则
业务管理	销售额任务达成率	自营门店销售任务达成前三名	周	20	●	○		区域经理	不定期				
	周销售达成	系统支持	周	20	●	○		区域经理	达成两周	40	2		
	月度销售达成	系统支持	月	50	●	○		区域经理	假设每月达成	50	1		
	开发有效会员任务达成	达到门店有效会员遴选数量	月	50	●			客服主管	假设每月达成	50	1		
	会员活动邀约	针对公司单店活动，完成指定会员遴选数量	次	20		○		客服主管	6-10 个店	20	1		
	损耗控制	盘点负损耗不超过 0.2%	月	20			●	财务部	假设每月达成其中一项	20			
		盘点正损耗不高于 0.15%	月	20				财务部					
	市场信息反馈	按公司要求时间截点反馈记录为准	次	20		○		市场部	假设每月达成	20			
	营运标准	陈列无空位，价签无空缺与商品相符；仪容仪表、工装工牌、服务用语、卫生达到营运标准	周	20	●		●	区域经理	神秘顾客调查	80	4		
行为规范	全勤		月	50	●	○		人事部	假设每月达成	50	1	50	
企业精神	诚信	上交接受的礼品馈赠至行政部	次	20	●	○		行政部	不定期特别之事			20	
	创新	合理化建议被采纳	项	20	●	○		区域经理	不定期特别之事			20	

续附表 2-13

岗位积分申请——B分

岗位：　　　　　姓名：　　　　　考核：2018年　　月　　　　　基础分值：400分

类型	积分项目	操作要求与标准	频率	B分	奖D券	定	评	检视人	得分	类别及加减分频率	测算B分(不统计不定期之事分数)	测算D券	测算C分	设计原则
团队协作	支援大型特卖会、展销会、新店开业等	在规定时间内完成工作	次	50	♥	○		人事部		份外之事			50	
学习成长	分享工作经验	主动分享自己的工作经验	次	20	♥		●	区域经理		份外之事				
	培训员工	每次有明确培训主题及内容，员工有反馈	次	50	♥		●	人事部		假设每月达成1次	50	1		
	传帮带	员工晋升（经理级加分）带教新人通过考核（员工加分）	人	5	♥	○		人事部		份外之事		1		
	推荐人才	推荐人员通过面试，规避亲属关系	人	20	♥	○		人事部		份外之事	20	4		
推广	微信推广	周促销转发至朋友圈两次	周	5	♥	○		区域经理		份外之事	20	4		
		周发布两条原创信息	周	5	♥	○								
		周年庆或大型活动微信头像更换为公司主题	次	5	♥	○				不定期分外之事，全年两次				
累计分值：											400	20	140	

附表 2-14 区域督导岗位积分设置之 A 分设计

岗位积分申请——A 分

岗位: 区域督导		姓名:		基础分: 400		考核: 2018 年 月				测算加减分			
岗位积分项目	全绩效平衡点	权重	基础分（有公式）	加分（最好统一不动）	减分（最好统一不动）	操作与检视	核准人	结果说明	加减分得分	高历史与平衡点差额	最高加分（有公式）	合计阶	尺度提升量（有公式）	力度加减分（有公式）
个人部分	区域销售额	5 653 511.00	20%	80	每增加 5 万加 1 分	每减少 5 万减 1 分	K 计划总结	财务部			4 157 600.35	60	83	50 092	0.72
	区域毛利额	1 227 692.00	20%	80	每增加 1 万加 1 分	每减少 1 万减 1 分	K 计划总结	财务部			666 019.00	40	67	9941	0.60
	区域人效	59 782.00	20%	80	每增加 1000 元加 1 分	每减少 1000 元减 1 分	K 计划总结	人事部			40 844.91	40	40	1021	1.00
	区域开发有效会员	987.00	20%	80	每多开发 10 人加 1 分	每少开发 10 人减 1 分	K 计划总结	市场部			786.00	40	78	10	0.51
	区域核心人员流失	—	10%	40	不加分	每少 1 名核心人员减 2 分	K 计划总结	人事部			1.00	20	10	0	2.00
团队部分	直营门店商场销售额达成	90%	10%	40	每增加 1% 加 2 分	每减少 1% 减 2 分	K 计划总结	财务部			10%	20	10	1%	2.00
累计分值		100%	400						0%		220			

附表 2-15 区域督导岗位积分设置之 B 分设计

岗位积分申请——B 分

岗位：　　　　姓名：　　　　考核：2018 年　　月　　　　基础分值：400 分

类型	积分项目	操作要求与标准	频率	B分	奖D券	评定	检视人	得分	类别及加减分频率	测算B分(不统计不定期之事分数)	测算D券	测算C分	设计原则
业务管理	周工作总结与计划	以时间截点内工作总结与计划，报表为准	次	20		○	营运经理		岗位要求，每月4次	80			
	月度报表	以时间截点内工作总结与计划，报表为准	次	20		○	营运经理		岗位要求，每月一次	20			
	月度销售额达成任务	区域内月度销售额达成任务	月	20	♥	○	营运经理		不定期				
	月度K指标全部达成全绩效任务	区域内月度K指标全部达成全绩效任务	月	20	♥	○	营运经理		不定期				
	盘点管理	区域内按时完成月度滚盘店铺	月	50	♥	○	财务部		岗位要求，每月一次	50	1		
	损耗控制	区域内月度盘点范围内店铺公司规定盘点损耗不超任(盘点负损耗不超过0.2%，正损耗不超过0.15%)	月	40	♥	○	财务部		假设每月达成其中一项	40	1		
	营运标准	区域内店铺陈列无空位，标签齐全，仪器仪表、工装相符；仪表、服务用语、卫生工牌、服务用语、卫生达到营运标准	周	20	♥	●	营运经理		神秘人不定期抽查	80	4		

续附表 2-15

岗位积分申请——B 分

岗位：		区域督导		姓名：			考核：2018 年 月			基础分值：400 分			
类型	积分项目	操作要求与标准	频率	B 分	奖 D 券	评定	得分	检视人	类别及加减分频率	测算 B 分（不统计不定期之事分数）	测算 D 券	测算 C 分	设计原则
行为规范	全勤		月	50	♥	○		人事部		50	1	50	
企业精神	创新	合理化建议被采纳	项	20	♥	○		部门经理	不定期特别之事			20	
	高效	建立、完善流程作业表单	张	10	♥	○		部门经理	不定期特别之事			10	
		项目、流程、标准建立、完善、优化计划与总结	项	20	♥	○		部门经理	不定期特别之事			20	
	诚信	上交接受客户的礼品馈赠至行政部	次	20	♥	○		行政部	不定期特别之事			20	
	感恩	减少公司损失 1000 元以上	次	20	♥	●		总经办	不定期特别之事			20	
		为公司争得荣誉	次	20	♥	●			不定期特别之事			20	
团队协作	支援大型特卖会、展销会、新店开业等	在规定时间内完成工作	次	50	♥	○		人事部	特别之事			20	
	团队活动主持	以现场主持照片为准	次	50	♥	○		人事部	特别之事			50	
	协助搬运办公物料工作	协助搬运办公物料工作	次	20	♥	○		行政部	特别之事				

续附表 2-15

岗位积分申请——B分　　岗位：　　姓名：　　考核：2018年　月　　基础分值：400分

类型	积分项目	操作要求与标准	频率	B分	奖D券	评定	评	检视人	得分	类别及加减分频率	测算B分（不统计不定期之事分数）	测算D券	测算C分	设计原则
学习成长	分享工作经验	主动分享自己的工作经验	次	50	♥		●	部门经理		特别之事		1		
	传帮带	员工晋升(经理级加分)带教新人通过面试(员工加分)	人	50	♥	○		人事部		特别之事				
	推荐人才	推荐人员通过面试，规避亲属关系	人	50	♥	○		人事部		特别之事				
推广	微信推广	周促销转发至朋友圈两次	周	5	♥	○		部门经理		特别之事	20	4		
		周发布两条原创信息	周	5	♥	○				特别之事	20	4		
		周年庆或大型活动微信头像更换为公司主题	次	5	♥	○				不定期特别之事，全年两次				
累计分值：											360	16	210	

附表2-16 人事经理岗位积分设置之A分设计

岗位积分申请——A分

岗位：人事经理	姓名：		基础分：500			考核：2018年　月				测算加减分			
	岗位积分项目	全绩效平衡点	权重	基础分（有公式）	加分	减分	操作与检视	核准人	结果说明	加减得分	高历史与平衡点差额	最高加分（有公式）	合阶	尺度提升量（有公式）	力度加减分（有公式）
个人部分	公司整体人效	55 228	15%	75	每增加500元加2分	每减少500元减2分	K计划总结	部门经理		75	20%	37.5	17	1%	2.21
	人事费用预算控制	2 000	15%	75	每减少100元加1分	每增加100元减1分	K计划总结	部门经理		75	20%	37.5	40	1%	0.94
	岗位缺编补充率	80%	20%	100	每提升1%加3分	每减少1%减3分	K计划总结	部门经理		125	20%	62.5	20	1%	3.13
	培训次数	1	10%	50	不加分	未完成减3分	K计划总结	部门经理		50	5%	25	10	1%	2.50
	核心人才流失数	0	10%	50	不加分	每流失1人减3分	K计划总结	部门经理		50	0	25	10	0%	2.50
团队部分	公司销售额	17 125 895.07	15%	75	每提升5万元加1分	每降低5万元减1分	K计划总结	部门经理		100	1 768 254.39	50	35	50 522	1.43
	公司毛利额	3 641 534.52	15%	75	每提升1万元加1分	每降低1万元减1分	K计划总结	部门经理		100	330 478.98	50	33	10 015	1.52
累计分值			100%	500						425		287.5			
										0					

附表 2-17 人事经理岗位积分设置之 B 分设计

岗位积分申请——B分								2018 年 月		基础分值：300 分		
岗位：人事经理			姓名：	考核：						测算加减分		
类型	积分项目	操作要求与标准	频率	B分	奖D券	定	评	检视人	得分	类别及加减分频率	测算B分（不统计不定期之事频数）	测算D券	测算C分	设计原则
业务管理	周工作总结与计划	以时间截点内工作总结与计划，报表为准	次	50		○		总经办		岗位要求，每月3次	150		50	
	月度报表	以时间截点内工作总结与计划，报表为准	次	50		○		总经办		岗位要求，每月一次	50		20	
行为规范	全勤		月	50	●	○		人事部		不定期特别之事	50	1	50	
企业精神	创新	合理化建议被采纳	项	20	●	○		总经办		不定期特别之事			20	
	高效	建立、完善流程作业表单	张	10	●	○		总经办		不定期特别之事			10	
		项目、标准建立、完善、优化计划与总结	项	20	●	○		总经办		不定期特别之事		1	20	
	诚信	上交接受的礼品馈赠至行政部	次	20	●	○		行政部		不定期特别之事			20	
	感恩	减少公司损失1000元以上	次	20	●	●		总经办		不定期特别之事			20	
		为公司争得荣誉	次	20	●	●		总经办		不定期特别之事			20	

续附表2-17

岗位积分申请——B分　　基础分值：300分

岗位：　　姓名：　　人事经理　　2018年　月

类型	积分项目	操作要求与标准	频率	B分	考核：奖D券	定○ 评●	检视人	得分	类别及加减分频率	测算B分（不统计不定期之事次数）	测算D券	测算C分	设计原则
团队协作	支援大型特卖会、展销会、新店开业等	在规定时间内完成工作	次	50	●	○	人事部		特别之事			50	
	团队活动主持	以现场主持照片为准	次	50	●	○	人事部		特别之事				
学习成长	分享工作经验	主动分享自己的工作经验	次	50	●	●	总经办		特别之事		1		
	传帮带	员工晋升带教新人通过考核（员工加分）	人	50	●	○	人事部		特别之事		1		
	推荐人才	推荐人员通过面试，规避亲属关系	人	50	●	○	人事部		特别之事				
推广	微信推广	周促销转发至朋友圈两次	周	5	●	○	市场部		特别之事	20	4		
		周发布两条原创信息	周	5	●	○			特别之事	20	4		
		周年庆或大型活动微信头像更换为公司主题	次	5	●	○			特别之事				
累计分值：								0		290	12	210	

附表 2-18 营运经理岗位积分设置之 A 分设计

岗位积分申请——A 分

岗位:	营运经理	姓名:		基础分:	500	考核:	2018 年 月				测算加减分			
	岗位积分项目	全质效平衡点	权重	基础分（有公式）	加分（最好统一不动）	减分（最好统一不动）	操作与检视	核准人	结果说明	加减分	得分	最高加分（有公式）	高历史与平衡点差额	合阶	尺度提升量（有公式）	力度加减分（有公式）
个人部分	营运销售额	12 437 124.42	30%	120	每增加 5 万加 1 分	每减少 5 万减 1 分	K 计划总结	财务部				60	4 507 199.50	90	50 080	0.67
	营运毛利额	3 949 763.56	20%	100	每增加 1 万加 1 分	每减少 1 万减 1 分	K 计划总结	财务部				50	1 144 806.00	114	10 042	0.44
	部门人效	50 404.00	20%	100	每增加 500 元加 1 分	每减少 500 元减 1 分	K 计划总结	人事部				50	19 182.50	38	505	1.32
	开发有效会员	2 351.00	10%	50	每开发 30 人加 1 分	每少开发 30 人减 1 分	K 计划总结	市场部				25	889.00	30	30	0.83
	核心人员流失人数	1.00	5%	40	不加分	每少 1 名核心人员减 2 分	K 计划总结	人事部				20	1.00	10	0	2.00
	培训次数	1.00	5%	40	不加分	每少 1 名核心人员减 2 分	K 计划总结	人事部				20	1.00	10	0	2.00
团队部分	公司销售额	90%	10%	50	每增加 1% 加 2 分	每减少 1% 减 2 分	K 计划总结	财务部				25	10%	10	1%	2.50
累计分值			100%	500						0%	—	250				

附表2-19 营运经理岗位积分设置之B分设计

岗位积分申请——B分

岗位: 营运经理　　姓名:　　考核: 2018年 月　　基础分值: 300分

类型	积分项目	操作要求与标准	频率B分	奖D券	定评	检视人	得分	测算加减分				设计原则
								类别及加减分频率	测算B分（不统计不定期之事数）	测算不定期之事分D券	测算C分	
业务管理	周工作总结与计划	以时间截点内工作总结与计划、报表为准	次 50	♥	○	总经办		岗位要求，每月3次	150		50	
	月度报表	以时间截点内工作总结与计划、报表为准	次 50	♥	○	总经办		岗位要求，每月一次	50		20	
行为规范	全勤		月 50	♥	○	人事部		不定期特别之事	50	1	50	
	创新	合理化建议被采纳	项 20	♥	○	总经办		不定期特别之事			20	
	高效	建立、完善流程作业表单	张 10	♥	○	总经办		不定期特别之事			10	
		项目、流程、标准建立、完善、优化计划与总结	项 20	♥	○	总经办		不定期特别之事		1	20	
	诚信	上交接受的礼品馈赠至行政部	次 20	♥	○	行政部		不定期特别之事			20	
企业精神	感恩	减少公司损失1000元以上	次 20	♥	●	总经办		不定期特别之事			20	
		为公司争得荣誉	次 20	♥	●	总经办		不定期特别之事			20	

续附表 2-19

岗位积分申请——B 分

岗位：　　　姓名：　　　考核：2018 年　　月　　基础分值：300 分

类型	积分项目	操作要求与标准	频率	B 分	奖 D 券	定	评	检视人	得分	测算加减分 类别及加减分频率	测算 B 分（不统计不定期之事分数）	测算 D 券	测算 C 分	设计原则
团队协作	支援大型特卖会、展销会、新店开业等	在规定时间内完成工作	次	50	♥	○		人事部		特别之事			50	
	团队活动主持	以现场主持照片为准	次	50	♥	○		人事部		特别之事		1		
	分享工作经验	主动分享自己的工作经验	次	50	♥		●	总经办		特别之事		1		
学习成长	传帮带	员工晋升（经理级加分）带教新人通过考核（员工加分）	人	50	♥	○		人事部		特别之事				
	推荐人才	推荐人员通过面试，规避亲属关系	人	50	♥	○		人事部		特别之事				
推广	微信推广	周促销转发至朋友圈两次	周	5	♥	○		市场部		特别之事	20	4		
		周发布两条原创信息	周	5	♥	○				特别之事	20	4		
		周年庆或大型活动微信头像更换为公司主题	次	5	♥	○				特别之事				
累计分值：									0		290	12	210	

附表 2-20　奖扣分执行表

员工积分奖扣申请与执行单

☐ 奖分项　　☐ 加分项　　☐ 扣分项

发生时间	年　　月　　日	申请人/发起人	
具体事由		分值（B分）	
奖扣对象		转C分/原因	
依据规则			
当事人/见证人签名		审核人签名	审批人签名

说明：由本人填写的为"申请人"，由执行者填写的为"发起人"。如当事人无法签名的，由见证人签名确认。

员工书面建议申请单

☐ 价值类积分标准项　　☐ 有建设性建议项

序号	内容	填写时间	审核结果	备注
1				
2				
具体建议 3				
4				
5				

每月总结表

月份：　　　　　　　　　　　　　　姓名：

项目	当月目标（个数）	实际达成（个数）	销售贡献（元）	自我评价与激励	下月目标	行动计划

备注：
营销人员总结表（如上表所示）

每月总结表

月份：　　　　　　　　　　　　　　姓名：

核心工作	目标	达成情况	自我评价与激励	下月目标	行动计划

备注：非营销人员总结表（如上表所示）

每月可进行积分项目组的工作人员工作评价:

积分运行评价(10分制,每项最高1分,相应分值处勾选)

1) 认真统计分值,没有错漏。 □0.2 □0.5 □0.8 □1 □举例说明:
2) 及时发给奖券,没有遗漏。 □0.2 □0.5 □0.8 □1 □举例说明:
3) 发现违规行为,及时扣分,公平公正。 □0.2 □0.5 □0.8 □1 □举例说明:
4) 最新的积分信息,能及时公告。 □0.2 □0.5 □0.8 □1 □举例说明:
5) 对于申诉、投诉、建议,及时反馈。 □0.2 □0.5 □0.8 □1 □举例说明:
6) 对完善积分运行,有积极贡献。 □0.2 □0.5 □0.8 □1 □举例说明:
7) 认可当前的积分激励模式。 □0.2 □0.5 □0.8 □1 □举例说明:
8) 积分的奖扣,信息透明,公示到位。 □0.2 □0.5 □0.8 □1 □举例说明:
9) 本人清楚积分的奖扣标准与运行规则。 □0.2 □0.5 □0.8 □1 □举例说明:
10) 积分奖励的兑现明确、及时。 □0.2 □0.5 □0.8 □1 □举例说明:

评分人:　　　总分:

附表 2-21　C 分消耗明分 2018（上半年）

部门	工号	姓名	入职年月	类别	层级	1月		2月		3月		4月		5月		6月	
						消耗项目	耗分	消耗项目	耗分	消耗项目	耗分	消耗项目	耗分	消耗项目	耗分	消耗项目	耗分
人力资源部	1026	张三丰	2016.1	顾问	执行层												

附表2-22 员工积分登记表

部门	工号	姓名	入职年月	类别	层级	基础A分	A分	奖B分记录（名细或编号）	奖B分	奖C分	奖券D	A转C分	扣BC分记录	扣BC分	消耗C分	剩余C分	B分小计
人力资源部	1026	张三丰	2016.1	顾问	执行层	500	550	A24	10			100	F16	20	50	1600	670
			结余C分	1500				S11	30	30			H44	10			
								F02	50		1						
								L22	10		1						
								当月积分排名奖	50	50							

附表2-23　员工年度积分记录表（上半年）

部门	工号	姓名	入职年月	类别	层级	1月			2月			3月			4月			5月			6月			合计		
						A	B	C	A	B	C	A	B	C	A	B	C	A	B	C	A	B	C	A	B	C
人力资源部	1026	张三丰	2016.1	顾问	执行层	550	670	1600																		

附表2-24　员工积分总值记录表

部门	工号	姓名	入职年月	类别	层级	老员工			2017年			2018年			2019年			2020年			累计		
						A	B	C	A	B	C	A	B	C	A	B	C	A	B	C	A	B	C
人力资源部	10 000	张三丰	2016.1	主管	执行层																		

附表3-25 导购岗位初级分析表

姓名：_____ 入职时间：____年____月 调到本岗位时间：____年____月

1. 管理关系图

```
         ┌──────────────────────┐
         │ 上上级岗位：总经理    │──────→ 隔级上级的所在部门岗位名称
         └──────────────────────┘
                    │
         ┌──────────────────────┐
         │ 上级岗位：商品部总监  │──────→ 直接上级的部门和岗位名称
         └──────────────────────┘
                    │
  ┌────────────────────────────────────┐
  │ 我的岗位-部门：商品部 岗位：商品部经理 │──→ 任职者/我所在的部门和岗位名
  └────────────────────────────────────┘    称、任职者人数
                    │
  ┌──────────────────────────────────────────────────┐
  │  岗位：食品采购专员 人数2    岗位：____ 人数____   │
  │  岗位：食品采购助理 人数1    岗位：____ 人数____   │
  │  岗位：_____ 人数____   岗位：____ 人数____   │
  └──────────────────────────────────────────────────┘
                                           ↓
                              直接下级的岗位名称、人数
```

2. 岗位工作范围概述

请在方框内简要描述岗位的工作范围：

现在主职工作：	
监控货品的进销存，不定期抽查A类产品、T类产品库存；跨部门沟通，与门店沟通偏多，货品进度、新产品推广及滞销品处理等。人员管理，每天订单监控，优化产品结构，关注流通产品价格、产品订货周期的拟定、供应商及厂家政策的谈判、采购助理订货的监控、库存的监管及上下线的制定、陈列的监管、滞销品淘汰处理办法的拟定、品类分析，品牌梳理，制定订货周期，供应商的引进及厂家政策的谈判；拟定销售计划，分解品类任务，提出活动建议，对采购工作的布置（分区域走访门店，完善门店陈列），实施、检查、督促、落实执行情况跟进；与团队共同加强后台力量以更好的支持前台的销售工作，与厂家对账，合理安排打款等。	
现在兼职工作： 无	我认为可与我所在岗位兼容的岗位或工作：
我感兴趣的其他岗位或工作：	

3. 岗位工作职责

列举本岗位的主要职责，按照重要程度进行排序，以及各项职责上应达到的目标（成果）、花费时间占比。（备注：以月为单位测算。）

职责序号	工作职责项（岗位清单）	这项工作的价值	这项工作产出的目标与结果	花费时间占比%
1	每天订单监控和审核	订单合理化	每张订单都准确无误，目前运行上下限，及时发现问题并调整	30%
2	与供应商会谈	争取更多资源，使企业利益最大化，同时了解行业动态	有资源才能更好地促进销售	20%
3	监控货品进销存	企业资金流正常运转的保障	合理的库存销售占比，重点关注优化C类门店库存商品	10%
4	人员管理	积极向上投入工作	人员专业技能提升，成为多面手，进而提升薪金晋级速度	15%
5	优化门店产品结构	提升门店综合实力	按公司的大方向逐渐优化各门店产品结构	10%
6	关注流通产品价格	提高门店竞争优势	根据各地市场情况调整流通产品价格	5%
7	淘汰品与滞销品的处理	使公司资金和产品链周转合理	尽快消化淘汰品与滞销品的库存	5%
8	跨部门沟通	使货品进销存流向顺畅	与各部门协调沟通	5%

填写说明：花费时间占比是指该项工作职责以月为单位，需要花费的时间和占总时间量的比率通常采用估算法。

附表 2-26 指标提取表

	产值面	价值面
财务		
内控		
学习成长		
客户		

附录3-27　仓储主管岗位 BSC 指标集合

维度	产值面	权重占比	价值面	权重占比
财务	销售额			
内部控制			盘点差异	
			物流费用控制	
			差错次数	
			人效	
客户			客户满意度（投诉）	
学习成长			培训次数	

附表 2-28 区间工资模板

某企业 2018 年绩效考核权重配比表参考

层级	对应岗位	职级	基本工资	全绩效
决策层	总经理	8	20%	80%
经营层	总监	7	20%	80%
管理层	高级经理	6	20%	80%
管理层	经理	5	20%	80%
执行层	主管	4	30%	70%
执行层	专员	3	50%	50%
事务层	助理、文员	2	60%	40%
营业层	业务员、导购	1	50%	50%

附表 2-29　某企业 2018 年度薪酬体系参考（一）

级别	职务	等级	级别	月工资标准	基本工资 20%	产值		价值 全绩效 80%				年工资额	年终奖	年收入
						销售额 40% 32%	利润额 30% 24%	管理费用 10% 8%	核心人才保有人数 10% 8%	人效 10% 8%	Total 100% 80%			
决策层	总经理	十等	10	39 500	5200~7900	12 640	9480	3160	3160	3160	31 600	474 000	142 200	616 200
			9	38 000		12 160	9120	3040	3040	3040	30 400	456 000	136 800	592 800
			8	36 500		11 680	8760	2920	2920	2920	29 200	438 000	131 400	569 400
			7	35 000		11 200	8400	2800	2800	2800	28 000	420 000	126 000	546 000
			6	33 500		10 720	8040	2680	2680	2680	26 800	402 000	120 600	522 600
			5	32 000		10 240	7680	2560	2560	2560	25 600	384 000	115 200	499 200
			4	30 500		9760	7320	2440	2440	2440	24 400	366 000	109 800	475 800
			3	29 000		9280	6960	2320	2320	2320	23 200	348 000	104 400	452 400
			2	27 500		8800	6600	2200	2200	2200	22 000	330 000	99 000	429 000
			1	26 000		8320	6240	2080	2080	2080	20 800	312 000	93 600	405 600
			试用期工资	20 800				实习工资（不参与考核及奖励）				249 600		

续附表 2-29

职务	职务	等级	级别	月工资标准	基本工资	全绩效 80%							年工资额	年终奖	年收入
						产值			价值						
						销售额	利润额	管理费用	人效	核心人才保有人数	Total				
					20%	40%	30%	10%	10%	10%	100%				
						32%	24%	8%	8%	8%	80%				
经营层	副总经理	九等	10	25 000	3200~5000	8000	6000	2000	2000	2000	20 000	300 000	75 000	375 000
			9	24 000		7680	5760	1920	1920	1920	19 200	288 000	72 000	360 000
			8	23 000		7360	5520	1840	1840	1840	18 400	276 000	69 000	345 000
			7	22 000		7040	5280	1760	1760	1760	17 600	264 000	66 000	330 000
			6	21 000		6720	5040	1680	1680	1680	16 800	252 000	63 000	315 000
			5	20 000		6400	4800	1600	1600	1600	16 000	240 000	60 000	300 000
			4	19 000		6080	4560	1520	1520	1520	15 200	228 000	57 000	285 000
			3	18 000		5760	4320	1440	1440	1440	14 400	216 000	54 000	270 000
			2	17 000		5440	4080	1360	1360	1360	13 600	204 000	51 000	255 000
			1	16 000		5120	3840	1280	1280	1280	12 800	192 000	48 000	240 000
			试用期工资	12 800	实习工资（不参与考核及奖励）							153 600		

续附表 2-29

职务	职务	等级	级别	月工资标准	基本工资	全绩效 80%								年工资额	年终奖	年收入
						产值		价值								
						销售额	利润额	管理费用	人效	核心人才保有人数	Total					
					20%	40%	30%	10%	10%	10%	100%					
						32%	24%	8%	8%	8%	80%					
经营层	总监	八等	10	15 000	2100~3000	4 800	3 600	1 200	1 200	1 200	12 000			180 000	36 000	216 000
			9	14 500		4 640	3 480	1 160	1 160	1 160	11 600			174 000	34 800	208 800
			8	14 000		4 480	3 360	1 120	1 120	1 120	11 200			168 000	33 600	201 600
			7	13 500		4 320	3 240	1 080	1 080	1 080	10 800			162 000	32 400	194 400
			6	13 000		4 160	3 120	1 040	1 040	1 040	10 400			156 000	31 200	187 200
			5	12 500		4 000	3 000	1 000	1 000	1 000	10 000			150 000	30 000	180 000
			4	12 000		3 840	2 880	960	960	960	9 600			144 000	28 800	172 800
			3	11 500		3 680	2 760	920	920	920	9 200			138 000	27 600	165 600
			2	11 000		3 520	2 640	880	880	880	8 800			132 000	26 400	158 400
			1	10 500		3 360	2 520	840	840	840	8 400			126 000	25 200	151 200
			试用期工资	8 400		实习工资（不参与考核及奖励）								100 800		

附表2-30 某企业2018年度薪酬体系参考（二）

级别	职务	等级	级别	月工资标准	基本工资	公司产值			全绩效 70%				合计		年工资额	年终奖	年收入
									价值								
						销售额	净利额	公司产值									
					30%	20%	20%	20%	15%	10%	10%	5%	100%	70%			
						14%	14%	14%	11%	7%	7%	4%					
管理层	经理	七等	10	10 200		1428	1428	1428	1071	714	714	357	7140		122 400	18 360	140 760
			9	9900		1386	1386	1386	1040	693	693	347	6930		118 800	17 820	136 620
			8	9600		1344	1344	1344	1008	672	672	336	6720		115 200	17 280	132 480
			7	9300		1302	1302	1302	977	651	651	326	6510		111 600	16 740	128 340
			6	9000	2150～3060	1260	1260	1260	945	630	630	315	6300		108 000	16 200	124 200
			5	8700		1218	1218	1218	914	609	609	305	6090		104 400	15 660	120 060
			4	8400		1176	1176	1176	882	588	588	294	5880		100 800	15 120	115 920
			3	8100		1134	1134	1134	851	567	567	284	5670		97 200	14 580	111 780
			2	7800		1092	1092	1092	819	546	546	273	5460		93 600	14 040	107 640
			1	7500		1050	1050	1050	788	525	525	263	5250		90 000	13 500	103 500
			试用期工资	6000		（实习工资不参与考核及奖励）									72 000		

续附表 2-30

级别	职务	等级	级别	月工资标准	基本工资 40%	产值				价值				Total		年工资额	年终奖	年收入
						25%	25%	15%	15%	10%	5%	5%						
						15%	15%	9%	9%	6%	3%	3%		100%	60%			
管理层	部门主管	六等	10	7300	2200~2920	1095	1095	657	657	438	219	219		4380		87 600	8760	96 360
			9	7100		1065	1065	639	639	426	213	213		4260		85 200	8520	93 720
			8	6900		1035	1035	621	621	414	207	207		4140		82 800	8280	91 080
			7	6700		1005	1005	603	603	402	201	201		4020		80 400	8040	88 440
			6	6500		975	975	585	585	390	195	195		3900		78 000	7800	85 800
			5	6300		945	945	567	567	378	189	189		3780		75 600	7560	83 160
			4	6100		915	915	549	549	366	183	183		3660		73 200	7320	80 520
			3	5900		885	885	531	531	354	177	177		3540		70 800	7080	77 880
			2	5700		855	855	513	513	342	171	171		3420		68 400	6840	75 240
			1	5500		825	825	495	495	330	165	165		3300		66 000	6600	72 600
			试用期工资	4400												52 800		

（实习工资不参与考核及奖励）

续附表 2-30

级别	职务	等级	级别	月工资标准	基本工资 40%	全绩效 60%								年工资额	年终奖	年收入
						产值		价值				Total				
						25%	25%	15%	15%	10%	5%	5%	100%			
						15%	15%	9%	9%	6%	3%	3%	60%			
管理层	品类专员、业务主管、设计师、会计师	五等	10	5350		803	803	482	482	321	161	161	3210	64 200	6420	70 620
			9	5200		780	780	468	468	312	156	156	3120	62 400	6240	68 640
			8	5050		758	758	455	455	303	152	152	3030	60 600	6060	66 660
			7	4900		735	735	441	441	294	147	147	2940	58 800	5880	64 680
			6	4750	1600~2140	713	713	428	428	285	143	143	2850	57 000	5700	62 700
			5	4600		690	690	414	414	276	138	138	2760	55 200	5520	60 720
			4	4450		668	668	401	401	267	134	134	2670	53 400	5340	58 740
			3	4300		645	645	387	387	258	129	129	2580	51 600	5160	56 760
			2	4150		623	623	374	374	249	125	125	2490	49 800	4980	54 780
			1	4000		600	600	360	360	240	120	120	2400	48 000	4800	52 800
			试用期工资	3200	（实习工资不参与考核及奖励）									38 400		

附表 2-31 某企业 2018 年度薪酬体系参考（三）

店面分类	职务	等级	级别	月工资标准	基本工资 50%	全绩效（50%）								合计		月工资标准	年工资额
						产值				价值							
						20%	20%	15%	10%	5%	5%	5%		100%			
						10%	10%	8%	5%	3%	3%	3%		50%			
		三等	10	3900	1500～1950	390	390	293	195	98	98	98		1950		3900	46 800
			9	3800		380	380	285	190	95	95	95		1900		3800	45 600
			8	3700		370	370	278	185	93	93	93		1850		3700	44 400
	专员		7	3600		360	360	270	180	90	90	90		1800		3600	43 200
			6	3500		350	350	263	175	88	88	88		1750		3500	42 000
			5	3400		340	340	255	170	85	85	85		1700		3400	40 800
			4	3300		330	330	248	165	83	83	83		1650		3300	39 600
			3	3200		320	320	240	160	80	80	80		1600		3200	38 400
			2	3100		310	310	233	155	78	78	78		1550		3100	37 200
			1	3000		300	300	225	150	75	75	75		1500		3000	36 000
			试	2400												2400	28 800

续附表 2-31

职务	等级	级别	基本工资					全绩效（50%）						月工资标准	年工资额
			月工资标准	50%		产值			价值				合计		
					20%	20%	20%	15%	15%	5%	5%	100%			
					10%	10%	10%	8%	8%	3%	3%	50%			
助理、文员	二等	10	2900	1000~1450	290	290	290	218	218	73	73	1450		2900	34 800
		9	2800		280	280	280	210	210	70	70	1400		2800	33 600
		8	2700		270	270	270	203	203	68	68	1350		2700	32 400
		7	2600		260	260	260	195	195	65	65	1300		2600	31 200
		6	2500		250	250	250	188	188	63	63	1250		2500	30 000
		5	2400		240	240	240	180	180	60	60	1200		2400	28 800
		4	2300		230	230	230	173	173	58	58	1150		2300	27 600
		3	2200		220	220	220	165	165	55	55	1100		2200	26 400
		2	2100		210	210	210	158	158	53	53	1050		2100	25 200
		1	2000		200	200	200	150	150	50	50	1000		2000	24 000
		试	1600											1600	19 200

附表 2-32　某企业 2018 年度薪酬体系参考（四）

级别	职务	等级	级别	月工资标准	基本工资 40%	产值 25%			全绩效 60% 价值 10%			5%	5%	Total 100%	年工资额	年终奖	年收入
						25%	25%	15%	15%	15%	10%	5%	5%				
							15%	9%	9%	6%	3%	3%	60%			
执行层	店长（四等）	A、B 类店、总店长	15	5000		750	750	450	450	300	150	150	3000	60 000	6000	66 000
			14	4850		728	728	437	437	291	146	146	2910	58 200	5820	64 020
			13	4700		705	705	423	423	282	141	141	2820	56 400	5640	62 040
			12	4550		683	683	410	410	273	137	137	2730	54 600	5460	60 060
			11	4400		660	660	396	396	264	132	132	2640	52 800	5280	58 080
		C、D 类店店长、A、B 类店助	10	4250	1200～2500	638	638	383	383	255	128	128	2550	51 000	5100	56 100
			9	4100		615	615	369	369	246	123	123	2460	49 200	4920	54 120
			8	3950		593	593	356	356	237	119	119	2370	47 400	4740	52 140
			7	3800		570	570	342	342	228	114	114	2280	45 600	4560	50 160
			6	3650		548	548	329	329	219	110	110	2190	43 800	4380	48 180
		E/EQ 店长、店助	5	3500		525	525	315	315	210	105	105	2100	42 000	4200	46 200
			4	3400		510	510	306	306	204	102	102	2040	40 800	4080	44 880
			3	3300		495	495	297	297	198	99	99	1980	39 600	3960	43 560
			2	3200		480	480	288	288	192	96	96	1920	38 400	3840	42 240
			1	3100		465	465	279	279	186	93	93	1860	37 200	3720	40 920
		试用期工资		2480					（实习工资不参与考核及奖励）						29 760		

续附表 2-32

店面分类	职务	等级	级别	月工资标准	基本工资 50%				全绩效（50%）						月工资标准	年工资额
						产值				价值			提成	合计		
						20%	20%	20%	20%	15%	15%	5%	5%	100%		
					1050~1500	10%	10%	10%	10%	8%	8%	3%	3%	50%		
营业层	业务员、导购	一等	10	3000		300	300	300	300	225	225	75	75	1500	3000	36 000
			9	2900		290	290	290	290	218	218	73	73	1450	2900	34 800
			8	2800		280	280	280	280	210	210	70	70	1400	2800	33 600
			7	2700		270	270	270	270	203	203	68	68	1350	2700	32 400
			6	2600		260	260	260	260	195	195	65	65	1300	2600	31 200
			5	2500		250	250	250	250	188	188	63	63	1250	2500	30 000
			4	2400		240	240	240	240	180	180	60	60	1200	2400	28 800
			3	2300		230	230	230	230	173	173	58	58	1150	2300	27 600
			2	2200		220	220	220	220	165	165	55	55	1100	2200	26 400
			1	2100		210	210	210	210	158	158	53	53	1050	2100	25 200
			试	1680	实习工资（不参与考核及奖励）											20 160

附表 2-33 全绩效薪酬绩效方案模板

单位：　　　　　　　　　　　　　　　　　　　　　　　　制表人：

岗位：		产值工资		价值工资						岗位津贴
	指标名称	K1	K2	K3	K4	K5	K6	K7	K8	
薪酬结构	月薪权重									
	占比金额									
	平衡点									
	奖励									
	少发									
薪酬说明	说明									
	数据提供人									
测算套算	高历史数据									
	奖励									
	高预计数据									
	奖励									
	低历史数据									
	少发									
	参照月份数据（相近整月份）									
	计发（不含占比金额）									

附表 2-34 全绩效测算模板

岗位：　　　　　　　　　　　　　　　单位：　　　　　　　　　　　　　　　制表人：

指标名称		产值工资		价值工资					岗位津贴
		K1	K2	K3	K4	K5	K6	K7	K8
		销售额	利润额	费用率				核心人才流失	
	单位	元		%				个	
	月薪权重	30.00%	15.00%	12.00%	15.00%	8.00%	5.00%	5.00%	10.00%
	占比金额	1200	600	480	600	320	200	200	400
	平衡点	500 000		15%				0.5 人	
薪酬结构	奖励 刻度	每超出1万元		每低0.1%				无流失	
	奖励 尺度	奖励10元		奖励15元				奖励50元	
	少发 刻度	每低于1万元		每高0.1%				每流失1人	
	少发 尺度	少发10元		少发15元				少发50元	
薪酬说明	说明（可以不填写）								
	数据提供人	财务部		财务部				人力资源部	

续附表 2-34

岗位：　　　　　　　　　　　单位：　　　　　　　　　　　制表人：

指标名称	产值工资			价值工资					岗位津贴
	K1	K2	K3	K4	K5	K6	K7	K8	
	销售额	利润额	费用率				核心人才流失		
历史最好数据	1 100 000	600	12%						
奖励			450						
历史较差数据	400 000		18%						
少发	-100		-450						
测算套算	参照月份数据（相近整月份，可不填写）								
	计发（不含占比金额）								

备注：数值越高越好的指标：
奖励 =（历史最好值 - 平衡点）/ 奖励刻度 × 奖励尺度
少发 =（历史较差值 - 平衡点）/ 少发刻度 × 少发尺度
数值越低越好的指标：
奖励 =（平衡点 - 历史最好值）/ 奖励刻度 × 奖励尺度
少发 =（平衡点 - 历史较差值）/ 少发刻度 × 少发尺度

附表 2-35 督导岗位全绩效薪酬方案参考

部门：　　　　　　　　　　　　岗位：　　　　　　　　　　督导　　　　　　　　　　姓名：

薪酬结构	指标名称	产值工资 K1	K2	K3	价值工资 K4	K5	K6	K7	K8	岗位津贴
		销售金额	人均销售	回款率	商品折扣率	售罄率	陈列形象	培训与培养	核心员工流失数	
	月薪权重	30%	15%	10%	15%	10%	5%	10%	5%	
	占比金额	1440	720	480	720	480	240	480	240	1200
	平衡点	678 182	96 883	74.88%	76%	73%	81	6	0.17	
	奖励	每增加1万元奖励8元	每增加1000元奖励5元	每增加0.1%奖励15元	每增加0.1%奖励12元	每增加0.1%奖励6元	每增加1分奖励10元	人才培养1名店长奖励200元	连续一个季度，无流失奖励200元	
	少发	每减少1万元少发8元	每减少1000元少发5元	每减少0.1%少发15元	每减少0.1%少发10元	每减少0.1%少发6元	每减少1分少发10元	每少1小时少发65元	每流失一人少发150元	
薪酬说明	说明	实际成交金额	负责门店的人创绩效	实际回款额/应收回款额	商品活动折扣	商品售罄分析	陈列打分表	要求有：课件PPT、计划、考核	核心人员名单列出来	

续附表 2-35

部门：　　　　　岗位：　　　　　督导　　　　　姓名：

指标名称	产值工资	价值工资						岗位津贴
	K1 销售金额	K2 人均销售	K3 回款率	K4 商品折扣率	K5 售罄率	K6 陈列形象	K7 培训与培养	K8 核心员工流失数	
高历史数据	1650 000	235 714.2857	75.62%	80%	80%	92	6	0	
奖励	777.45	694.16	111.00	480	446	110	0	67	2685
低历史数据	220 000	31 428.57143	73.77%	68%	68%	69	5	1	
少发	(366.55)	(327.27)	(167.25)	(800.00)	(274.36)	(120.00)	(80.00)	(150.00)	(2285.43)
测算套算 参照月份数据（相近整月份）									
测算套算 计发（不含占比金额）									

附表 2-36 店长岗位全绩效薪酬方案参考

部门：　　　　　　　　岗位：店长　　　　　　　　姓名：

指标名称		产值指标						绩效工资	
		K1	K2	K3	K4	K5	K6	绩效奖励	全绩效合计
		门店毛利额	个人客单量	个人客单价	个人有效会员	人员流失	库存差错率		
薪酬结构	月薪权重(%)	30%	20%	20%	10%	10%	10%	100%	月工资底薪为4224元，50%为基础工资，50%为绩效工资。
	占比金额(元)	634	422	422	211	211	211	2112	
	平衡点	78180	448	192	205	0	9.14%		
	刻度	1523	9	4	3	1	0.44%		
	力度(元)	51	34	34	17	50	8		
	奖励	每增加1523元奖励51元	每增加9单奖励34元	每增加4元奖励34元	每增加3个奖励17元	无人离职，奖励50元	每增加0.44%少发8元		
	少发	每减少1523元少发51元	每减少9单少发34元	每减少4元少发34元	每减少3个少发17元	每增加一人离职，减少50元	每减少0.44%奖励8元		
薪酬说明	说明	以2017年平均值为参考数据	以2017年平均值为参考数据	以2017年平均值为参考数据	以2017年平均值为参考数据	无	以2017年平均值为参考数据		
	数据提供人	HR系统查询	HR系统查询	HR系统查询		客服	财务部		
测算套算	18年实际值								
	奖励金额							2112	

附表2-37 财务主管岗位全绩效薪酬方案参考

部门：财务部　　岗位：财务主管　　姓名：

		产值指标		价值指标			绩效工资	基本工资	工资合计
	指标名称	K1 销售额	K2 毛利额	K3 损益费用率	K4 库存差异率（盘点指标）	K5 资金周转率（资金指标）			
薪酬结构	月薪权重(%)	25%	25%	20%	15%	15%	1		
	占比金额（元）	630	630	504	378	378	2520	1680	4200
	平衡点	2 397 346.00	557 819	16.04%	3.50%	125.10%			
	刻度	16 511	4689	0.22%	0.12%	3.87%			40%为基本工资，60%为绩效工资。
	力度（元）	25	25	20	15	15			
	奖励	每增加17 508元，奖励25元	每增加4395元，奖励25元	每降低0.22%，奖励20元	每降低0.12%，奖励15元	每增加3.87%，奖励15元			
	少发	每减少17508元，减少25元	每减少4395元，减少25元	每增加0.22%，减少20元	每增加0.12%，减少15元	每减少3.87%，减少15元			
薪酬说明	说明	以2017年1-12月平均数据为依据	以2017年1-12月平均数据为依据	以2017年1-12月平均数据为依据	以2017年1-12月平均数据为依据	以2017年1-12月平均数据为依据			
	数据提供人	人事行政主管	人事行政主管	财务主管	财务主管	财务主管			
	1月份	3 067 169.34	780 343.84	13.47%	3.50%	125.10%	2453	1680	6653
	奖励金额	1022	1196	235	0	0			

附表 2-38 人事行政主管全绩效薪酬方案参考

部门：人事行政部　　　　岗位：人事行政主管　　　　姓名：

指标名称	产值指标			价值指标			绩效工资	基本工资	工资合计
	K1	K2	K3	K4	K5	K6			
	销售额	毛利额	人创绩效	工资费用率	培训次数	员工流失人数			
绩效工资权重	25%	25%	15%	15%	10%	10%	100%		
占比金额（元）	630	630	378	378	252	252	2520	1680	4400
平衡点	2 397 346.00	557 819	108 040	9.52%	1	3			
刻度	16 511	4689	1484	0.1%	1	1			
力度（元）	25	25	15	15	40	50			
薪酬结构 奖励	每增加 17508 元，奖励 25 元	每增加 4395 元，奖励 25 元	每增加 1484 元，奖励 15 元	每增加 0.1%，奖励 15 元	每增加 1 次，奖励 40 元	每减少 1 人，奖励 50 元；		40% 作为基本工资，60% 作为绩效工资	
薪酬结构 少发	每减少 17 508 元，减少 25 元	每减少 4395 元，减少 25 元	每减少 1484 元，少发 15 元	每减少 0.1%，少发 15 元	每减少 1 次，少发 40 元	每增加 1 人，少发 50 元；			
薪酬说明 说明	以 2017 年 1-12 月平均数据为依据	以 2017 年 1-12 月平均数据为依据	以 2017 年 1-12 月平均数据为依据			转正员工			
薪酬说明 数据提供人	人事行政主管	人事行政主管	人事行政主管	人事行政主管	人事行政主管	人事行政主管			

续附表 2-38

部门：人事行政部　　岗位：人事行政主管　　姓名：

指标名称	产值指标			价值指标			绩效工资	基本工资	工资合计
	K1 销售额	K2 毛利额	K3 人创绩效	K4 工资费用率	K5 培训次数	K6 员工流失人数			
17年最高值 2月份	3 067 169.34	780 343.84	139 416.7882	9.85%	1	4			
测算套算	1022	1196	320	49	0	-50	2 537.4061 07	1760	6 817.406 107
奖励金额（元）	630	630	320	49		-50	1579		

· 216 ·

附表 2-39 区域经理岗位全绩效薪酬方案参考

部门：　　　　　　　岗位：　　　　　　　姓名：

	指标名称	产值指标			价值指标					岗位津贴
		K1	K2	K3	K4	K5	K6	K7	K8	
		成交营业额	经营利润	回款率	人创绩效	商品折扣率	售罄率	VIP增减	培训与培养	
薪酬结构	月薪权重	30%	15%	10%	15%	10%	10%	5%	5%	
	占比金额	1920	960	640	960	640	640	320	320	1600
	平衡点	678 182	115 350	74.88%	96 883	76%	73%	202	4小时	
	奖励	每增加1万元奖励10元	每增加5000元奖励12元	每增加0.1%奖励15元	每增加1000元奖励5元	每增加0.1%奖励12元	每增加0.1%奖励6元	每多1张奖励2元	人才培养1名店长奖励200元	无重大工作过错奖200元
	少发	每减少1万元少发10元	每减少5000元少发12元	每减少0.1%少发15元	每减少1000元少发5元	每减少0.1%少发10元	每减少0.1%少发6元	每少1张少发2元	每少1小时少发80元	一次过错减150元
薪酬说明	说明	实际成交金额	负责门店的人创绩效		负责门店的人创绩效	商品活动折扣	商品售罄分析		课件PPT、计划、考核	
	数据提供人	数据	人力资源	人力资源	人力资源	数据	数据	人力资源	数据	上级领导

续附表 2-39

部门：　　　　　岗位：　　　　　姓名：

指标名称	产值指标			价值指标					
	K1 成交营业额	K2 经营利润	K3 回款率	K4 人创绩效	K5 商品折扣率	K6 售罄率	K7 VIP增减	K8 培训与培养	岗位津贴
高历史数据	1650 000	378 828.00	75.62%	235 714.29	80.0%	80%	400	4	
奖励	971.82	632.35	111.00	694.16	480.00	445.64	396.18	0	3731.14
低历史数据	220 000	6170.86	73.77%	31 428.57	68.0%	68%	33	3	
少发	(458.18)	(131.01)	(167.25)	(327.27)	(800.00)	(274.36)	(337.82)	(80)	(2575.90)
测算套算 参照3月份数据（相近整月份）									
计发（不含占比金额）									

附表 2-40 商品部经理全绩效薪酬方案参考

企业：　　　　　　岗位：　　　　　　姓名：

		产值			价值				价值工资
	指标名称	K1 销售额	K2 利润额	K3 综合成本	K4 库存周转	K5 供应商满意度	K6 内部投诉次数	K7 人员流失	K8 员工培训	
薪酬结构	月薪权重(%)	30%	20%	15%	10%	10%	5%	5%	5%	100%
	占比金额(元)	3000	2000	1500	1000	1000	500	500	500	10 000
	平衡点	1 416 667	615 000	801 667	15	80%	2	5%	3	
	奖励	月销售额增长1.5万奖励10元	月利润额增长6万奖励100元	月综合成本减少2万奖励100元	周转天数低于15天奖励50元	高于80%奖励100元	每减少1次奖励50元	无人员流失奖励100元	培训完3次奖励100元	
	少发	月销售额降低1.5万少发10元	月利润额降低6万少发100元	月综合成本增加2万少发100元	周转天数高于15天少发50元	低于80%少发100元	每增加1次少发50元	流失1人少发50元	少培训1次少发100元	
	备注	销售额	利润额	销售成本包含所有的花费	库存周转实际天数	每月供应商的问卷调查	服务中心接到的投诉次数	现有人员的流失情况	培训部培训次数	
薪酬说明	目标依据	2018年1～6月经营管理报表								
	奖励或少发计算公式	(实际销售额-平衡点)/15000*10	(实际利润额-平衡点)/60000*100	(平衡点-实际综合成本)/20000*100						
	数据提供人	运营中心	运营中心	运营中心	运营中心	运营中心	运营中心	运营中心	运营中心	
	特别说明	试行2～3个月，在试行期间，公司根据实际运行情况，可以对各指标和数据进行适当调整，并与员工本人沟通达成共识								

续附表 2-40

企业：　　　　　岗位：　　　　　姓名：

指标名称		产值		价值					价值
		K1 销售额	K2 利润额	K3 综合成本	K4 库存周转	K5 供应商满意度	K6 内部投诉次数	K7 人员流失	K8 员工培训	价值工资
测算	高历史数据	1 800 000	820 000	700 000	12	1	0	0	0	
	奖励金额	256	137	508	50	100	100	100	100	1351
套算	高预计数据	1 900 000	800 000	700 000	12	1	0	0	0	
	奖励金额	322	123	508	50	100	100	100	100	1404
	低历史数据	1 200 000	560 000	840 000	16	1	0	1	0	
	少发	144	37	192	50	100	100	50	100	773

附表 2-41　全绩项目导入计划书

1. 组长
2. 副组长
3. 成员
4. 启航时间
5. 试行时间
6. 方案计划

阶段	项目	具体内容	开始时间	结束时间	责任人	支持人	需要支持	备注	激励
第一阶段	每个岗位初级分析表	商品部各岗位					岗位分析表讲解、发布授权各部门岗位负责人	列举岗位主要职责，按重要程度进行排序，以及各项职责应达到的目标（成果）花费时间占比（以月为单位测算）	按照时间节点完成加 5 分，每岗位达到标准的加 5 分
		物流部各岗位							
		市场部各岗位							
		营运部各岗位							
		战略发展部各岗位							
		人资部各岗位							
		行政部各岗位							
		财务部各岗位							
		信息部各岗位							

续附表 2-41

阶段		岗位			说明
第二阶段	每个岗位关键指标提取	商品部各岗位 物流部各岗位 市场部各岗位 营运部各岗位 战略发展部各岗位 人资部各岗位 行政部各岗位 财务部各岗位 信息部各岗位		根据每个岗位主要职责花费时间权重，提取可量化关键考核指标（4个维度，2个价值面）	按照时间节点完成加5分，每岗位达到标准的加5分。表现优秀的组长额外给与加分 50～100分
第三阶段	每个岗位关键指标讨论	商品部各岗位 物流部各岗位 市场部各岗位 营运部各岗位 战略发展部各岗位 人资部各岗位 行政部各岗位 财务部各岗位 信息部各岗位		根据每个岗位主要职责花费时间权重，提取关键考核指标（4个维度，2个价值面）	按照时间节点完成加5分，每岗位达到标准的加5分。表现优秀的组长额外给与加分 50～100分

续附表 2-41

							根据每个岗位主要职责花费时间权重，提取关键考核指标（4个维度，2个价值面）	按照时间节点完成加5分，每岗位达到标准的责任人加5分，支持人加5分，表现优秀的组长额外给与加分 50～100分
第四阶段	提取关键指标平衡点数据	商品部各岗位						
		物流部各岗位						
		市场部各岗位						
		营运部各岗位						
		战略发展部各岗位						
		人资部各岗位						
		行政部各岗位						
		财务部各岗位						
		信息部各岗位						
第五阶段	测算阶段	商品部各岗位					刻度、尺度建议	设置刻度、尺度	按照时间节点完成加5分，每岗位达到标准的责任人加5分、支持人加5分
		物流部各岗位						
		市场部各岗位						
		营运部各岗位						
		战略发展部各岗位						
		人资部各岗位						
		行政部各岗位						
		财务部各岗位						
		信息部各岗位						

续附表 2-41

第六阶段	面谈阶段			刻度、尺度建议	设置刻度、尺度
	商品部各岗位主管、经理				按照时间节点完成加5分，每岗位达到标准的责任人加5分，支持人加5分
	物流部各岗位主管、经理				
	市场部各岗位主管、经理				
	营运部各岗位主管、经理				
	战略发展部各岗位主管、经理				
	人资部各岗位主管、经理				
	行政部各岗位主管、经理				
	财务部各岗位主管、经理				
	信息部各岗位主管、经理				

备注：按时参加会议每次加5分，迟到早退、接打电话每次给其他人加3分

附表 3-42 目标与事项管控表

部门	日期	事项							
		产值面		应收账款	品质管理	销售	价值面		
		目标情况	周目标完成率				客户投诉	人员流失	流程运作	绩效情况	其他事项
		月目标完成率								
营运部	第一周									
	第二周									
	第三周									
	第四周									
商品部	第一周									
	第二周									
	第三周									
	第四周									
文案	第一周									
	第二周									
	第三周									
	第四周									
设计	第一周									
	第二周									
	第三周									
	第四周									

附表 2-43 月目标、周分解与 K 计划参考

某月目标、周分解与 K 计划（填写模板）

序号	指标名称	本月目标	K 计划	第 1 周 目标	第 1 周 达成	第 2 周 目标	第 2 周 达成	第 3 周 目标	第 3 周 达成	第 4 周 目标	第 4 周 达成	第 5 周 目标	第 5 周 达成	总成达	总达成率
K1	销售额	300万	1. 本月做两场大型促销活动 2. 组织一场销售技巧研讨会 3. 实施目标与积分奖励，每天晨会检视与派奖券	70	70	60	50	80	108	70	65	20	29	322万	107.33%
K2	拓展费用率	2%	1. 即日起每天统计各项费用，建立预算与预警机制，谁超支谁负责 2. 在传统拓展模式上创新，本月尝试电话营销、会展营销新模式，各做一次，并总结报告	—	100%	—	83%	—	135%	—	93%	—	145%	2.03%	101.50%
K3	人创绩效	52 000元	1. 减少营销助理 2 名，文员 1 名 2. 调整工作流程，将销售统计工作交回销售员并培训	45 000	46 000	49 000	46 000	52 000	51 000	55 000	56 000	57 000	59 000	53 000元	101.92%
K4	客户满意度	4.5分	1. 建立 VIP 专访机制，由优秀老员工回访 2. 试行客户网上投票，由客服部收集、列入营销部考核	—	102%	—	94%	—	98%	—	102%	—	104%	4.3分	95.56%

续附表 2-43

本周重点项目	目标	重点目标、K计划与总结（填写模板）				
		行动计划及相关	责任人	达成	达成率	周总结
						改善方向
销售额	60万	1. 组织一场销售技巧研讨会 2. 做促销活动，增加销售22万元 3. 目标墙与积分奖励，每天		50万	83%	1) 提升促销活动的组织与计划性；2) 目标墙检视力度不够；3) 积分奖券发派要公平、及时
人创绩效	49 000元	1. 减少营销助理1名，采用竞争上岗 2. 建立末位淘汰机制，做好考评记录		46 000	94%	1) 与当事人及时沟通，避免不必要的摩擦；2) 工作交接需要第三方在场
客户满意度	4.5	1. 准备客户投票，本周完成一试 2. VIP机制建立		按进度完成		1) 设备采购影响工作进展；2) 多部门沟通要提升效率
拓展费用率	2%	1. 费用报告审核，超支知会及责任处罚，每周五下午16时 2. 电话营销训练		按进度完成		超支知会方式需改为邮件，以保存记录
员工主动流失率	3.5%	1. 资深销售员生日会 2. 落实每周一谈，本周安排与新人沟通		未实施		天气影响，改期到下三
				完成		效果不错
其他重点工作						
流程优化项目	提升运行效率	安排一次沟通会，完成计划表第11-21项工作，并检视		完成		需提升项目执行力
上月绩效面谈	促进新人增效	本周二、周三、周四各面谈5人		完成		个别营销员重视程度不够

（说明：当周时间不足3天的，并入下一周总结，但同样要有目标及结果）

续附表 2-43

本周状态总结		合计分数：38 分	
目标达成	5	激情	4
计划合理性	4	负责任	4
挖掘可能性	4	欣赏激励	3
推动合作	4	目标成果感	5
调整创新	2	自我学习成长	3

（说明：采用 5 分制，满分 50 分）

附表 2-44 岗位产值提取分析表

周期	本人填写							上级衡量				处置建议	
	工作项目	工作结果		单位消耗时间	数量（平均与规律）	月合计消耗时间及工作时间占比	修正说明	工作强度	技术难度	分类打包	定价方法	定价合计
		易测量（两种以上测量方案）	不易测量（说明）									
每天												
每周												
月例												

续附表 2-44

周期	工作项目	本人填写				上级衡量			处置建议		
		工作结果		单位消耗时间	数量（平均与规律）	月合计消耗时间及工作时间占比	修正说明	工作强度	技术难度	分类打包	定价方法	定价合计
		易测量（两种以上测量方案）	不易测量（说明）									
季例												
年例												

操作说明：
1. 先让各岗位填写此表，管理上级进行综合衡量。
2. 将同一部门或相关部门的所有岗位的产值标准统一归类划分。
3. 确定不易测量的部分，进行分类打包定价。

附表 2-45 产值标准参考（节选）

类别	工作事项	工作标准/说明	产值标准	单位	考核与计算方式	备注说明	归口管理部门	归口责任人	统计人
改进与其他类	合理化建议	对公司经营管理各项事务提出意见和建议被采纳（未被采纳按B分标准奖励）	500~1000	元/条	被采纳的计500~1000元产值/条，产生效益或节约成本的，按年度产出100%另计产值		总裁办	总裁办主任	总裁办主任
	起草、修改公司文件（起草人）	—	500~1500	元/个	①制度类：1000~1500元产值/个；其他类：500~1000元产值/个；②空白文件按100%计算，修订或是更新版本按60%计		总裁办	总裁办主任	总裁办主任
	审阅、修改公司质量体系文件（文件归口管理人员审阅、文控人员审阅）	—	300~1000	元/个	①制度类：500~1000元产值/个；其他类：300~500元产值/个；②空白文件按100%计算，修订或是更新版本按60%计		总裁办	总裁办主任助理	总裁办主任
	产值标准增补、删减或修订	对现行产值标准提出增补、删减或修订意见被采纳	50	元/条			总裁办	总裁办主任	总裁办主任
	进行工作流程优化、改进、创新	对工作流程进行优化、创新，以达到提升工作效率及员工满意度	100~500	元/条	部门经理评估		各部门	部门经理	部门经理
	表扬或投诉	服务满意度评估或其他方式的表扬或投诉	50	元/次	受到表扬1次，奖50元产值；批评1次，扣50元产值		各部门	部门经理	部门经理
	部门经理机动产值权限	由于产值项目可能不完全，赋予部门经理一定的机动产值权限，用于各部门能出现的突发或临时性的工作	1000	元/月	当出现突发或临时性工作时可启用机动产值，不得用作他途		各部门	部门经理	部门经理
	总监机动产值权限	同上	2000	元/月	同上		总经理室	分管总监	分管总监
	提供执行力表结果	每月提供分店的执行力表结果，对分店疑问进行解答	200	元/次	①每月1日提供上月的执行力结果，部门汇总人按200元产值/次；②延迟提交结果的，扣部门汇总人50元产值/天				

续附表 2-45

类别	工作事项	工作标准/说明	产值标准	单位	考核与计算方式	备注说明	归口管理部门	归口责任人	统计人
人力资源类	成功推荐中层以上管理人员	按人资部计划与需求	15 000~50 000	元/人	按管理层级，被推荐人录用转正后计发产值：B1：5万产值 B2：4万产值 B3：3万产值 C1：2.5万产值 C2：2万产值 C3：1.5万产值		人资部	人资部经理	人事助理
	成功推荐人员应聘公司紧缺职位		500~2000	元/人	被推荐人录用转正后计产值：实习生（非批量）：500元产值 其他普通岗位：1000元产值 技师、执业技师：1500元产值 物业师、执行物品或公司紧缺的其他管理岗位：2000元产值		人资部	人资部经理	人事助理
	员工档案的建立与维护（含档案袋、电子、OA、时空等）更新	员工信息在变化的3工作日内完成维护	3000	元/月	完整，无精漏奖励300元产值，3个以上每个扣20元产值；因档案不完整而造成用工风险，每个扣1000元产值，可倒扣		人资部	人事助理	人事助理
	某地区各分店的社保证的办理及年审工作	每年必需年审一次并缴纳一年内的劳务调配费（不限时间）完成一个证的年审及缴纳费用以500/个计算	500	元/店	延误，每次扣500元产值		人资部	人事助理	人事助理
	技师调度安排	配合政府部门检查需求，按标准调配安排技师在岗	100	元/人次	延误，每次扣100元产值		人资部	人事助理	人事助理
	总部员工招聘	入职：办理入职手续，并工作满1周 不含总部理货员、防损员、盘点员	500~5000	元/人	①产值计算以成功入职为准：员工级500元/人，主管级1000元/人，经理级2000元/人，总监级5000元/人 ②招聘及时性考核：招聘周期：员工级30天，主管级40天，经理级60天，总监级90天。未及时招到岗，员工级每次扣250元，主管级500元，经理级1000元，总监级2500元		人资部	人资部经理	人资部经理

续附表 2-45

类别	工作事项	工作标准/说明	产值标准	单位	考核与计算方式	备注说明	归口管理部门	归口责任人	统计人
	员工劳动纠纷处理		1000-2000	元/人	内部处理达成一致，按1000元产值/单计；经过劳动部门调解或仲裁，按2000元产值/单计		人资部	人资部经理	人资部经理
	提供绩效数据支持其他同事	①每月5日提供门店绩效奖金计提表；②每月3日前提供店长经理业绩排名；③每月10日前提供人资部所能提供给各个部门做KPI所需的数据；④其他数据	500	元/月	以需求部门签名确认的纸质版为依据，每延迟一天扣20元产值		人资部	绩效岗	绩效岗
	员工认同度/敬业度调查	每年7月底前完成员工认同度/敬业度调研及调研分析报告	5000	元/次	主要参与人员共同分配。		人资部	绩效岗	绩效岗
	绩效目标责任制	合同签订、解除、终止与分配核算等	500	元/次	每年年初签订一次，年中、年末计发分配各一次，共三次		人资部	绩效岗	绩效岗
	分店绩效数据表共享	每月14号前共享分店业绩汇总表和奖金汇总表	400	元/月	每月根据分店绩效表汇总各分店的业绩情况和奖金情况		人资部	绩效岗	绩效岗
	分店考核季度排名	①1月、4月、7月、10月14日对上季度店长经理、质量专员KPI考核数据进行汇总，提交给营业部经理、人资部经理；②对考核结果的应用记录保存，并知会薪酬专员	500	元/季	①按时完成按100%计发产值，延迟一天减50元产值；②未及时通知导致薪酬计发错误，扣100元产值		人资部	绩效岗	绩效岗
	及时、准确核算工资表门店工资表（包括辞退人员、挂账工资返还、盘点返还）	每月工资在18号09:00之前计算完毕并将电子版交给人资经理审核（月度工资发放）	7	元/人	①提前1天奖300元产值，推迟一天扣500元产值；②错误控制在3个内产值奖金300元产值，5个以上每一个扣20元产值；总经理及以上人员审核发现，个数直接扣100元产值/个，不论个数无法挽回的损失需承担相应赔偿。④辞退人员、挂账工资返还、盘点返还出现错漏每个产值返还30元产值		人资部	薪酬岗	薪酬岗

·233·

续附表 2-45

类别	工作事项	工作标准/说明	产值标准	单位	考核与计算方式	备注说明	归口管理部门	归口责任人	统计人
	培训协议签订及培训费用管理	①培训结束1周内完成协议签订；②培训费用记录完整无误；③员工离职培训费用的核查	500	元/月	每漏签一份，扣50元产值		人资部	培训岗	培训岗
	医保店联网结算单据的抽查	按照医保联网相关要求，对分店联网算单据进行抽查。要求半年内所有医保店均有抽查	30	元/单	每月至少抽查30张单据，每少1单扣10元产值，每查出一个错误奖20元产值；本项封顶1000元产值		行政部	行政主管	行政主管
	为其他部门提供办事所需证件	及时提供帮助和信息知会	500	元/月	新办营业执照或执照发生变更必须在办理税务登记证时办理税务部办财务登记（特殊情况除外），准时完成按工作日前知会财务部办财务登记，每延迟1天扣30元产值		行政部	行政主管	行政主管
行政类	下属工作检视与核	每月完成通讯费、饮水费、办证费、报刊费、复印费、节假日等费用/报表的审核	300	元/月	费用/报表审核后出现错漏，每个扣20元产值		行政部	行政主管	行政主管
	每月生日会的安排与执行	列出每月生日会各部门的执行清单，并跟进执行情况	400	元/月	按照清单，每部门每月15日前完成生日会组织开展，逾期每天扣50元产值		行政部	行政主管	行政主管
	员工福利活动策划与执行	指3.8节、端午节、中秋节员工福利活动的准时策划执行	2000~8000	元/次	按时开展完成计发：3.8节：2000元产值/次；端午节、中秋节（不邮寄）：5000元产值/次；中秋节（邮寄）：8000元产值/次		行政部	行政主管	行政主管

续附表 2-45

类别	工作事项	工作标准、说明	产值标准	单位	考核与计算方式	备注说明	归口管理部门	归口责任人	统计人
	物资采购	①日常零星采购：办公用品、维修材料、后勤物资（含接待用礼品）、名片、各类物料等；②小型活动（大中型活动之外的活动，含新店开业活动、阻击活动、单店周年庆等活动的批量采购、会员兑奖品及物资补充采购，遗漏物资补采购按上条计）、新店开业、小仓库月度备货、节假日员工福利或集中采购（不含中秋月饼2000元以上，不足则按上条计）；③门店大中型活动采购（元旦、妇女节、劳动节、国庆节）、中秋节月饼采购	①60 ②500 ③100	元/次	采购商品询比价至少3家价格对比，采购审批后，单项申购3天到货，批量申购7天内到货，加工定做类物资除外（按实际制作工期定）。每延时一天扣100元产值		行政部	后勤主管	后勤主管
	新物资采购（首次）招标	公司无历史采购记录的物资，采购金额在1000元以上的，首次采购，需至少咨询比价3家，并建立档案资料；首次采购版本同时，后续采购转入日常采购核算。	1000	元/次	—		行政部	后勤主管	后勤主管
	重大资产采购/出售招标	资产采购/出售金额在5万元以上，必须组织招标会	2000	元/次	—		行政部	后勤主管	后勤主管
	采购合同管理	①服务周期在3个月以上的，金额在5000元以上的采购均需签订合同；②所有采购合同的签订、建档（电子）与归档	500	元/月	①应签订而未签订采购合同的，每次扣100元产值；②未建立档案或资料不完整（部门经理抽查）元产值；每次扣50元产值；③另：每建立1个合同模版，另奖500元产值		行政部	后勤主管	后勤主管

续附表 2-45

类别	工作事项	工作标准说明	产值标准	单位	考核与计算方式	备注说明	归口管理部门	归口责任人	统计人
行政类	固定资产管理	总部离职人员资产的确认和及时更新，新申购资产台账的建立及更新（一周内完成）。资产调拨、退还、转交，报损处理流程结束后一周内完成	2000	元/月	准确及时完成按100%计发产值，迟1天100元产值；发现一次错漏扣50元产值。按时完成加100元产值/天，未按时扣100元产值/天	固定资产梳理完毕后再按工作标准考核，没梳理前跟行政经理共同负责处理资产工作	行政部	后勤主管	后勤主管
	后勤费用结算单据的审核及时性与准确性	申购单、订货单、送货单等后勤结算单据审批的准确性和及时性	1000	元/月	结算数据无差错按100%计发，错误个数超过3个，根据严重程度扣30～100元产值/次		行政部	后勤主管	后勤主管
	采购物品后续出现质量等问题，积极主动跟进协助解决	售后维护必须保证质量，保修期内的维护维修抓紧维修时间，保修期以外的维护要评估维修价值，无价值或价值低的维修不能发生	100	元/次	—		行政部	后勤主管	后勤主管
	关店相关工作	关店：回收物品、整理、变卖、调配搬运、跟踪等	1000	元/店	—		行政部	后勤主管	后勤主管
	供应商管理与档案的建立与维护	要求建立供应商档案，每个类别供应商不得少于3家	100	元/家	档案标准模板必须经部门经理确认，本项每月封顶600元产值		行政部	后勤主管	后勤主管
	客户接待与门禁管理、电话转接	①热情、礼貌、大方接待与处理客户到访事宜，突发事件的处理上报，维护公司形象与前台秩序，不得出现客户喧哗等情况。②总经理级以上人员有外客到访，必须征得同意方可放行。③不得向外客透露总经理级以上人员的联系方式	1000	元/月	失误或延误每次扣200元产值，造成重大影响加倍扣罚		行政部	前台	前台

续附表 2-45

类别	工作事项	工作标准/说明	产值标准	单位	考核与计算方式	备注说明	归口管理部门	归口责任人	统计人
财务类	分店盘点（商品）	—	1500～3500	元/店	库存10万以下：1500元产值/店 10～15万：2000元产值/店 15～20万：2500元产值/店 20万以上：3500元产值/店		财务部	存货会计	存货会计
	代业主办理租赁发票	此项产值标准只适合于2012年以来拓展新签合同和合同变更出现的新情况的代办业务；收到业主手续费后计发产值	350～700	元/店/月	A区：350元产值/店/月 B区：400元产值/店/月 C区：600元产值/店/月 D区：700元产值/店/月 同一地方办理多店产值按70%计算		财务部	会计主管	会计主管
	开分店电费发票	及时	350	元/店	以店数计算，如果是在同一个地方办理，产值就以70%计算		财务部	会计主管	会计主管
	下门店进行财务检查	按月度检查计划	200	元/店	准确及时完成成100%计发产值，未完成每店扣100元产值		财务部	销售会计	销售会计
	装订凭证		2000	元/月	按参与人员进行分配，主导人为其他人的2倍		财务部	全体会计	主导人
	手工发票录入	税务会计必须录入当月购手工票的20%	30	元/本	不影响分店发票使用，不及时录入影响发票等造成分店无票可用每次扣税务会计200元产值		财务部	全体会计	税务会计
	分店预算达成数据处理		10	元/店	100%正确计发本产值，如出现错误，每笔扣10元产值		财务部	全体会计	会计主管
	统计数据上报	每月、季、年度上报统计局要求各项数据、表格	月度：200 季度：300 年度：1000	元/项	不以单店计算		财务部	全体会计	
	会计档案整理	适用于所有会计	500	元/人/月	档案及时整理归档由于个人原因造成档案缺失，每一例扣50元产值		财务部	全体会计	全体会计

续附表 2-45

类别	工作事项	工作标准/说明	产值标准	单位	考核与计算方式	备注说明	归口管理部门	归口责任人	统计人
财务类	凭证及账务处理及时性	指费用会计、结算会计、销售+税务会计的凭证处理（其他会计按店计算）	800~3500	元/人/月	费用会计：3500元产值/月 其他会计：800元产值/月 凭证处理每月6日下班前完成，未及时完成扣100元产值		财务部	全体会计	全体会计
	会计报表附注及归口费用数据汇总	归口费用统计9日前	200~500	元/人/月	费用会计（不含专职税务会计和会计主管）：200元产值/月 及时准确计发100%产值，如出现错误每笔扣20元产值		财务部	专职税务会计+会计主管除外	专职税务会计+会计主管除外
	会计科目清理的及时正确	适用于费用会计及销售会计；核对各计科目明细挂账与总账的一致性 还要及时准确清理自己负责的主要科目	500	元/月	月度清理负责的会计科目，如发现错账长期挂账每笔扣50元产值		财务部	专职税务会计除外	专职税务会计除外
	预算数据、各部门所需KPI数据、提交及时性准确性	按规定的时间预算数据每月11日前（含）将预算报表、KPI数据发给各部门负责人或指定人	3000	元/月	及时准确计发100%产值，允许错误2个，每多一个扣30元产值		财务部	会计主管	会计主管
	报表出具（外区域和001账套）	准确及时，每月8号完成指定账套报表	20	元/店	准确及时，每月8号完成按100%产值计发，错误大于2个以上每个扣20元产值		财务部	会计主管	会计主管
	租金审核及记账（铺租）	及时准确审核和回收发票	20	元/店	按时办理计发100%产值，由于个人原因每丢失一张发票扣100元产值		财务部	会计主管	会计主管
	报表分析	每月17日前提交财务报表分析	1500	元/月	每延迟1天或错误大于2个以上每次/个扣50元		财务部	会计主管	会计主管
	部门月度考核产值表汇总及初审	每月9日前完成初审	50	元/人	组织月度考核，汇总并完成计发100%产值。各岗位先由主管审核完所负责的员工		财务部	会计主管	会计主管

续附表 2-45

类别	工作事项	工作标准/说明	产值标准	单位	考核与计算方式	备注说明	归口管理部门	归口责任人	统计人
财务类	预算编制和审核	（年度/半年度/季度预算考核数据提供）	100	元/科目	租金/水电/长摊/折旧/财务费用/部门费用等，有发生时给予产值计算		会计主管	会计主管	会计主管
	增值税和三项税费计提及账务处理	及时准确无误	30	元/店	以店数计算		财务部	税务会计	税务会计
	增值税和三项税费申报	指上网或上门申报的过程（分店是指开设立没设有申请汇总的分店）	总部300，新店250	元/店	新店指新开店以店数计算，总部按一个分店计算（包括了老分店）按300元/店产值计算		财务部	税务会计	税务会计+销售
	增值税和三项税费申报（外区域）	指上网或税务局申报的过程	40	元/店	以店数计算，总部按一个分店计算		财务部	税务会计	税务会计
	所得税季度申报、年度汇算清缴	每季度申报，准确无误	季度200，年度汇缴1000	元/店	以店数计算，总部按一个分店计算，年度清缴独立计算		财务部	税务会计	税务会计
	完成一般纳税人增值税申报表（总部+外区域）	及时准确无误	50	元/店	以店数计算，总部按一个分店计算		财务部	税务会计	税务会计
	完成一般纳税人税财务报表上传（外区域）	及时准确无误	50	元/店	以店数计算		财务部	税务会计	税务会计
	外区域个税申报	及时准确无误	25	元/店	以店数计算		财务部	税务会计	税务会计
	企业年度网上申报年度核销	年终整理网上申报所有表格，打印、盖章上交各税务分局，某地区分店辅助网上分月汇总核销，财务报表	A区分店300；B区分店100	元/店	以店数计算		财务部	税务会计	税务会计

续附表 2-45

类别	工作事项	工作标准/说明	产值标准	单位	考核与计算方式	备注说明	归口管理部门	归口责任人	统计人
财务类	收入、税款统计表	以申报单位每月统计并计算税负率	500	元/月	以月度计算		财务部	税务会计	税务会计
	税务注销	及时准确无误	市内区域：1000 外区域：4000	元/店	以注销单位为计量数数。取得注销通知为准，设为部门公共项目，按贡献值分配		财务部	税务会计	税务会计
	重点税源分析表	及时	300	元/月	以月度计算		财务部	税务会计	税务会计
	分店一般纳税人认证	及时	300	元/店	以店计算（同一地方办理多店产值按70%计算）		财务部	税务会计	税务会计
信息类	公司信息IT运行情况	确保各类应用系统（ksoa 社保、财务、OA等）正常运行；公司服务器、网络正常运行（可以有1次故障）	7000	元/月	正常运行按100%计产值（允许1次故障），每超过1次故障扣500元产值/次，扣完为止		信息部	信息部经理	信息部经理
	数据的安全性、稳定性、正确性	①各类应用系统出现故障时可以快速恢复前一天的数据（ksoa、财务、社保）；②每天进行数据备份的检查	3000	元/月	①出现一次数据错误或不可恢复的数据丢失扣2000元产值；②每次出现1错、丢失但可恢复扣500元产值		信息部	信息部经理	信息部经理
	总部KSOA及其他系统维护、功能更新完善	当前现有时空功能的完善、按需求进行完善与修改	4000	元/月	按时按质按数量完成按100%计发，有延期或不符合需求的，每次扣300元产值		信息部	信息部经理	信息部经理

备注：
1. 该产值标准适用于公司全体员工；考核管理部门：人资部。
2. 产值奖金的10%作为月度最终发放的绩效奖金。
3. 当绩产值作为〈总部员工绩效考核附表〉附表，说明三个月工作未达标，连续三个月工作未达标，将视情况调整岗位工作或进行岗位调整。
4. 本表可作为〈总部门提供考核数据时，集团监察审计部或人资部有权安排复核与检查。
5. 属于本部门提供考核数据的，集团监察审计部或人资部有权安排复核与检查。
6. 所有产值及标准随业务调整而取消、更改或增补。
7. 本产值标准解释权归集团人力资源部、门店人资部。

附表 2-46 驱动股激励模式参考

(单位:万元)

	现在年利润	员工	老板			
A店	50	OK	NO			
B店	5	50%	50%			
C店	-5	NO	OK			
A店	投入额		现在年利润	2018预测利润	员工投入回报与收益	
	总投入	员工存款比例	50	60		
	70	30%		10	20%	
存款人	员工存款		银行年利率 6%	30%		
店长	6.3	9%	0.38	0.90	1.28	
店助A	4.2	6%	0.25	0.60	0.85	
店员A	2.1	3%	0.13	0.30	0.43	
店员B	2.1	3%	0.13	0.30	0.43	
店员C	2.1	3%	0.13	0.30	0.43	
店员D	2.1	3%	0.13	0.30	0.43	
店员E	2.1	3%	0.13	0.30	0.43	
合计	21	30%	1.26	3.00	4.26	

附表 2-47 驱动股测算实例

2017年(2017.1.1–2017.12.31)净利值: 822 300.38										驱动股执行日期			
××店	实际投入额			现在年利润 822 300.38			2018预测利润 904 530.42						
	总应投入额		实际投资占比	员工存款比例	按应投金额银行年利率	按实投金额银行年利率	82 230.04	员工按实投金额实得利润收益	员工发应投金额实得回报与收益（利润分红+应投利率）	员工实得投资收益（实得利润+实投利率）	员工实得投资收益（实得利润+实投利率）	投资回报率	月投资回报率
职位	应投资金额	实投资金额			4%	4%	20%						
存款人份数	120 000			20%									
店长 60	60 000.00	60 000.00	50.00%	10%	2400	2400	8223.00	8223.00	10 623.00	10 623.00	10 623.00	17.71%	1.48%
导购 10	10 000.00	10 000.00	8.33%	2%	400	400	1370.50	1370.50	1770.50	1770.50	1770.50	17.71%	1.48%
收银 10	10 000.00	10 000.00	8.33%	2%	400	400	1370.50	1370.50	1770.50	1770.50	1770.50	17.71%	1.48%
导购 10	10 000.00	10 000.00	8.33%	2%	400	400	1370.50	1370.50	1770.50	1770.50	1770.50	17.71%	1.48%
导购 10	10 000.00	10 000.00	8.33%	2%	400	400	1370.50	1370.50	1770.50	1770.50	1770.50	17.71%	1.48%
导购 10	10 000.00	10 000.00	8.33%	2%	400	400	1370.50	1370.50	1770.50	1770.50	1770.50	17.71%	1.48%
导购 10	10 000.00	10 000.00	8.33%	2%	400	400	1370.50	1370.50	1770.50	1770.50	1770.50	17.71%	1.48%
120	120 000	120 000		20%	800	4800	16 446.01	16 446.01	17 245.01	21 246.01	21 246.01	17.71%	1.48%

附表 2-48 前期测算表

(单位: 元)

编号	项目名称	数值	备注
A1	2017 利润额（基值）	13 000 000	超出这个数，就开始分享，一般参照过去一年的数字
A2	2018 利润额	14 500 000	预算次年的利润，保守数值
A3	增长额	1 500 000	公式：A2-A1
A4	分配率	30%	分配越高，员工掏钱相对越多，老板决定
A5	总分配额	450 000	公式：A3×A4
A6	回报率	30%	回报率越低，员工掏钱相对越多
A7	投入总额	1 500 000	公式：A5÷A6
A8	总份数	300	通过参与人数、份数、预留数来决定总份数
A9	每份金额	5000	公式：A7÷A8

续附表 2-48

序号	级别	姓名	职务	人数	份数	应缴合伙金	考核基础分
1	决策层	A	总经理	1	30	150 000	60
2		B	营运总监	1	20	100 000	40
3		C	采购总监	1	20	100 000	40
4	管理层	D	人力资源部经理	1	12	60 000	24
5		E	财务部经理	1	12	60 000	24
6		F	客服部经理	1	12	60 000	24
7		G	市场部主管	1	10	50 000	20
8		H	信息部主管	1	8	40 000	16
9		I	营运部主管	1	15	75 000	30
10	营运层	J	采购部经理	1	15	75 000	30
		K	店长	10	80	400 000	160
12	汇总		合计	8	234	330 000	328
			预留		66		
			总份数		300		

附表 2-49　合伙人分值考核表

职位：营运　　分值上：30分（季度基础资格分：24分）

类别	考核项目	科目定义	平衡点分值	年度平衡点	季度平衡点	奖扣分细则 刻度=（预计高值-平衡点）/分值（注：不绝对，还需各岗位平衡）	考核周期
经营目标类	销售额	公司全年营业额	10	98 000 000	24 500 000	每增减 3 000 000，加减 1 分	季/年
	毛利额	公司全年毛利润	10	13 000 000	3 250 000	每增减 500 000 元，加减 1 分	季/年
	新会员开发	新增会员数量	4	1200	300	每增减 100，加减 0.5 分	季/年
管理价值类	客诉	重大客诉	2	4	1	每减少 1 次，加 1 分，每增加 1 次扣 2 分	年
	人效	前台人效	4	56 000	56 000	每增加 200 元加 1 分，每减少 200 元减 1 分	年

附表 2-50 分配结算表

（单位：元）

编号	项目名称	数值	备注
A1	2017年利润额（基值）	13 000 000	超过此数额即可享受分配，历史数据作依据
A2	2018年利润额	13 800 000	预算次年的利润，保守数值
A3	增长额	800 000	公式：A1-A2
A4	分配率	30%	分配越高，员工揭钱相对越多，老板决定
A5	总分配额	240 000	公式：A3×A4
B1	总份数	300	
B2	每份分红收益	800	公式：A5÷B2
B3	实际分配份数	234	根据最终合伙人人数及份数结算
B4	实际分配额	187 200	公式：B2×B3
B5	所有合伙人总分值	380	根据最终合伙人人数的分值累计

续附表 2-50

序号	级别	姓名	职务	人数	份数	考核实际分值	合伙金	分配额	回报率
1	决策层	A	总经理	1	30	65	150 000	22 003.62	14.67%
2		B	营运总监	1	20	44	100 000	14 894.76	14.89%
3		C	采购总监	1	20	37	100 000	12 525.14	12.53%
4	管理层	D	人力资源经理	1	12	30	60 000	10 155.52	16.93%
5		E	财务部经理	1	12	26	60 000	8801.45	14.67%
6		F	客服部经理	1	12	32	60 000	10 832.55	18.05%
7		G	市场部主管	1	10	29	50 000	9817.00	19.63%
8		H	信息部主管	1	8	22	40 000	7447.38	18.62%
9		I	营运部经理	1	15	28	75 000	9478.48	12.64%
10		J	采购部经理	1	15	30	75 000	10 155.52	13.54%
11	营运层	K	店长	10	80	210	400 000	71 088.61	17.77%
			合计	8	234	553		137 776.4 919	
			预留		66				
			总份数		300				

附表 2-51 某企业股权规划参考

（单位：万元）

某企业目前出资		股权占比	新方案	某企业	占比	新方案	11.281%	出资	在各自合伙公司占比	股权占比	
第一轮股东 26 个	153.340	10.50%	A 代持	1387.290	95.00%	第一轮股东合伙公司	第一轮股东 A	108.721	66.000%	7.445%	11.281%
第二轮股东 37 个	153.330	10.50%	B	73.010	5.00%			56.008	34.000%	3.835%	
第三轮股东 32 个	153.330	10.50%				第二轮股东合伙公司	第二轮股东 A	108.721	66.000%	7.445%	11.281%
A	143.402	9.82%						56.008	34.000%	3.835%	
×××公司	783.888	53.68%				第三轮股东合伙公司	第三轮股东 A	108.721	66.000%	7.445%	11.281%
B	73.010	5.00%						56.008	34.000%	3.835%	
						第四轮股东合伙公司	第四轮股东 A	108.721	66.000%	7.445%	11.281%
								56.008	34.000%	3.835%	
						第一轮股东合伙公司		39.720	100.000%	2.720%	
						×××公司	B	688.655	100.000%	47.158%	
								73.010	100.000%	5.000%	
总出资额	1460.300	100.00%	总出资额	1460.300	100%	总出资额		1460.302		100.000%	

参 考 文 献

［1］李太林. 绩效核能101［M］. 北京：中华工商联合出版社，2014.
［2］罗伯特·卡普兰，大卫·诺顿. 平衡计分卡：化战略为行动（珍藏版）［M］. 广州：广东经济出版社，2013.